Politique locale

Contrat et droit des collectivités territoriales

Logiques Juridiques

Collection dirigée par Gérard Marcou

Le droit n'est pas seulement un savoir, il est d'abord un ensemble de rapports et pratiques que l'on rencontre dans presque toutes les formes de sociétés. C'est pourquoi il a toujours donné lieu à la fois à une littérature de juristes professionnels, produisant le savoir juridique, et à une littérature sur le droit, produite par des philosophes, des sociologues ou des économistes notamment.

Parce que le domaine du droit s'étend sans cesse et rend de plus en plus souvent nécessaire le recours au savoir juridique spécialisé, même dans des matières où il n'avait jadis qu'une importance secondaire, les ouvrages juridiques à caractère professionnel ou pédagogique dominent l'édition, et ils tendent à réduire la recherche en droit à sa seule dimension positive. A l'inverse de cette tendance, la collection *Logiques juridiques* des Éditions L'Harmattan est ouverte à toutes les approches du droit. Tout en publiant aussi des ouvrages à vocation professionnelle ou pédagogique, elle se fixe avant tout pour but de contribuer à la publication et à la diffusion des recherches en droit, ainsi qu'au dialogue scientifique sur le droit. Comme son nom l'indique, elle se veut plurielle.

Dernières parutions

Sous la direction de Michael THALER et Michel VERPEAUX, *La recherche en droit constitutionnel comparé,* 2014.
Babacar NIANG, *Le « plaider coupable » en France et aux Etats-Unis au regard des principes directeurs du procès pénal*, 2014.
Sophie COMELLAS, *Les titres d'occupation du domaine public à des fins commerciales*, 2014.
Kadidiatou HAMA, *Le statut et les fonctions du juge pénal international*, 2014.
Sonia LEVERD (dir.), *Les nouveaux territoires du Droit*, 2013.
Julia SCHMITZ, *La théorie de l'institution du doyen Maurice Hauriou*, 2013.
Agnès BLANC, « *La langue de la république est le français », Essai sur l'instrumentalisation juridique de la langue par l'État (1789-2013)*, 2013.
Claudia NAPOLI, *L'ONU face aux « pratiques traditionnelles néfastes » à l'égard de l'enfant africain*, 2013.
Sylvain OLLIER, *L'observation internationale des élections dans la région de l'OSCE*, 2013.
Hassna MOUBSIT, *La représentation en droit des sociétés,* 2013.

Sous la direction de

François-Xavier FORT

Contrat et droit des collectivités territoriales

Actes de la première Université d'été
du droit des collectivités territoriales

2/6 juillet 2012

L'Harmattan

5-7, rue de l'École-Polytechnique, 75005 Paris

http://www.harmattan.fr
diffusion.harmattan@wanadoo.fr
harmattan1@wanadoo.fr

ISBN : 978-2-343-03253-5
EAN : 9782343032535

L'usage du contrat dans le droit des collectivités territoriales

Problématique générale

François-Xavier Fort
Maitre de Conférences – C.R.E.A.M.
Université Montpellier I

Le contrat est devenu au cours des dernières décennies, une forme de sésame de la sphère publique. Sa place actuelle au sein du droit public français reflète les changements qui sont intervenus : la modification des rapports entre l'Etat et le marché, la construction communautaire qui a mis en place un encadrement de l'exercice des actions des Etats membres, l'ouverture d'une concurrence globalisée ainsi que la pénétration croissante si ce n'est du droit anglo-saxon, du moins des concepts de la Common law qui fait primer le contrat sur l'acte unilatéral[1]. Au-delà de cette énumération, la décentralisation a donné naissance à de nouvelles sources et formes de légitimité concurrentes de celle de l'Etat, ce phénomène s'étant conjugué avec l'affirmation de la liberté contractuelle pour les personnes publiques secondaires. On constate en conséquence une irruption,

[1] Conseil d'Etat, Rapport public, Le contrat, mode d'action publique et de production de normes, La documentation Française, 2008, p. 15.

suivie d'une ascension, de la convention au sein de la sphère administrative, comme du reste au sein de la société. L'usager du service public n'est plus toujours envisagé dans une situation légale et réglementaire, on assiste à une correction du déséquilibre des rapports en la matière comme le montre des textes tels que : charte des droits, engagement de services par exemple. De ce contexte, naît un phénomène, que l'on nomme la contractualisation.

La contractualisation correspond à un style nouveau, mais surtout à une mutation d'ampleur de la puissance publique et de ses méthodes : l'action politique et administrative se fonde à présent sur la négociation et la recherche du consensus davantage que sur l'autorité et donc sur l'acte unilatéral[2]. La puissance publique et les collectivités territoriales vont rechercher l'adhésion des acteurs : apparaît alors une forme de coproduction ou de co-construction de l'action publique voire de la norme publique. Le discours de clôture du Grenelle de l'environnement prononcé par le Président de la République le 25 octobre 2007 évoquait cette mutation : « il faut avoir le courage de décider autrement. Il faut avoir le courage de changer les méthodes et de préférer la décision issue de la négociation plutôt que la décision issue de l'administration ».

Ainsi émerge une nouvelle posture de la puissance publique qui atteint toutes ses sphères : remises en cause des institutions, des corps intermédiaires, des usages. Une telle situation engendre un autre mode d'exercice du pouvoir ainsi que de nouvelles formes de légitimité. Le contrat induit une transformation de l'administration mais également des méthodes d'action de l'administration. Sans affirmer la privatisation des administrations mais avec la volonté de rompre avec un modèle orthodoxe, on assiste à

[2] J.-P. Gaudin, Gouverner par contrat, Presses de Science-Po, 1999

une modernisation de la sphère publique résultant de l'usage de l'acte contractuel. A la tutelle se sont substitués le partenariat et la régulation, libérant les administrations de leurs rigidités mais les plaçant dans une situation inextricable : les principes classiques du droit public (annualité budgétaire, règles relatives aux compétences, prérogatives de puissance publique, ...) doivent se conjuguer avec des pratiques novatrices parfois issues du droit privé ou plus généralement du monde des affaires.

Les collectivités territoriales ne sont pas étrangères à cette mutation d'envergure ; elles en sont peut-être la manifestation la plus visible et le droit des collectivités territoriales avec le droit public économique en sont peut-être à l'origine. Les lois de décentralisation ont conféré aux collectivités territoriales des compétences et une latitude d'action que la constitution et la juridiction constitutionnelle protègent ; ce nouveau régime libéral a permis un double mouvement de contractualisation : contractualisation avec l'Etat comme le montre les contrats de plan devenus aujourd'hui contrats de projets Etat-Régions, contractualisation entre collectivités territoriales qui a fait naître des partenariats originaux dont l'initiative appartient aux collectivités en dehors de toute contraintes ou contingences.

Aujourd'hui, le partenariat est généralisé, il est assis sur des pratiques contractuelles qui semblent essentielles ; le recours au contrat semble irréversible dans la mesure où celui-ci permet un respect de la liberté reconnue aux collectivités. En effet, si la liberté contractuelle des personnes privées résulte des dispositions de l'article 4 de la Déclaration des Droits de l'Homme et du Citoyen (DDHC), il ne paraît pas illusoire de faire découler la liberté contractuelle des collectivités territoriales de l'article 72 de la constitution postulant le principe de libre administration.

Afin de fixer les traits saillants du recours au contrat dans le droit des collectivités territoriales trois axes paraissent aujourd'hui essentiels. Il convient en premier lieu de définir le cadre juridique dans lequel cet instrument s'inscrit ; il est indispensable ensuite d'évoquer l'habitus qui s'est progressivement institué autour du contrat ; enfin apparaît une nouvelle utilisation du contrat, relative aux compétences, qui montre peut-être les limites de la contractualisation et son inadéquation relative avec les principes fondamentaux du droit public.

I- Le cadre juridique du recours au contrat dans le droit des collectivités territoriales

Si l'utilisation du contrat dans l'action des personnes publiques ne constitue en rien une nouveauté, sa généralisation progressive nécessite la définition du cadre juridique propre à son assise. La puissance publique en général et les collectivités territoriales en particulier ont longtemps été familières de l'acte administratif unilatéral, manifestation réelle de l'autorité voire de la souveraineté : acte de puissance, de coercition qui manifeste la supériorité de l'autorité administrative sur l'administré. Afin que le contrat puisse être largement utilisé, il est impératif de faire naître un contexte d'autonomie très large, condition première du contrat : il convient d'avoir présent à l'esprit que le contrat et plus globalement la relation contractuelle postulent une égalité entre les cocontractants.

A- La consécration d'une liberté d'action

La notion juridique de contrat est indissociable de la notion de liberté. En effet, la doctrine civiliste a construit la théorie du contrat sur la notion d'autonomie de la volonté ; la relation contractuelle postulant une égalité entre les contractants, le droit ne saurait admettre une absence de liberté au sein de la relation contractuelle. On constate de forts liens entre d'une part le recours généralisé à la convention et d'autre part l'enracinement de la décentralisation en France. Au-delà de la large sphère d'autonomie résultant de la décentralisation, il est impératif d'observer la déclinaison en matière contractuelle.

Le texte constitutionnel de la Cinquième République ne postule pas un principe de liberté contractuelle pour les collectivités territoriales. Ce n'est qu'indirectement que l'on peut faire référence à un tel principe. Il a fallu passer par les développements jurisprudentiels de la libre administration pour conférer à la liberté contractuelle un statut constitutionnel. Il est loisible de trouver un tel fondement dans la décision du Conseil Constitutionnel du 20 janvier 1993[3] en vertu de laquelle, ni le gouvernement, ni le législateur ne peuvent la limiter de manière abusive ou inutile. Cette consécration de la liberté contractuelle des personnes morales est apparue tardivement et de manière très laborieuse. Malgré tout elle a pu se trouver indirectement garantie chaque fois que sa méconnaissance conduisait à porter atteinte à un droit constitutionnellement garanti, comme c'est le cas du principe de libre administration des collectivités territoriales. La lecture de cette décision du Conseil montre que cette liberté doit s'analyser comme une composante de la libre administration des collectivités territoriales qui serait mise en cause par des restrictions injustifiées à leur activité contractuelle ; B. Faure postule que la liberté contractuelle a « le statut d'une norme

[3] CC Dec. n°92-316 DC du 20 janvier 1993, voir en ce sens, D. Pouyaud, Concurrence, transparence et libre administration, RFDA, 1993, p. 902

constitutionnelle implicite »[4]. En effet, cette décision juge contraire à l'article 72 de la constitution la possibilité pour l'autorité de tutelle de provoquer à tout moment la suspension pour trois mois des contrats de délégation de service public. De façon générale, on doit considérer que les résurgences ponctuelles de la tutelle ne peuvent affecter l'exercice de cette liberté dans le cadre des rapports contractuels entre collectivités territoriales (art. C.72 al. 5). La liberté contractuelle des collectivités a été réaffirmée sur un fondement plus général en se fondant sur l'article 4 de la DDHC[5].

Certains commentateurs ont pu identifier dans la nouvelle rédaction de l'article 72 al. 5 une référence à l'activité contractuelle des collectivités territoriales. A présent, lorsque l'exercice des compétences nécessite le concours de plusieurs d'entre elles, le législateur se voit habilité à autoriser une collectivité « à organiser les modalités de leur action commune ». Il s'agit d'une base « neutre » qui a semble-t-il seulement vocation à se conformer aux évolutions présentes du droit sans pour autant les initier ; il s'agit juste d'une incitation constitutionnelle à mettre en cohérence l'exercice conjugué des compétences décentralisées par le recours au contrat.

S'il est loisible d'imaginer l'existence d'une théorie des bases constitutionnelles des possibilités contractuelles pour les collectivités territoriales, cette théorie se manifeste d'abord par ses bases négatives constituées à partir de contraintes autorisées par le droit constitutionnel. A titre d'exemple, l'engagement contractuel peut être

---

[4] B. Faure, Droit des collectivités territoriales, Dalloz, coll. Précis, 2e Ed., 2011, p. 434.

[5] CC Dec. n° 2006-543 DC du 30 novembre 2006, voir en ce sens, P.-Y. Gahdoun, La liberté contractuelle des personnes publiques et la constitution, RDP, 2007, p. 845.

imposé pour la satisfaction d'une liberté exigée par la constitution[6].

Le Conseil a précisé le cadre de la coopération contractuelle entre collectivités. Il a ainsi récemment interdit à une collectivité qui mène une opération contractuelle commune avec d'autres collectivités d'exercer une tutelle sur ses homologues[7]. Une décision ancienne du Conseil Constitutionnel mérite d'être ici signalée dans la mesure où elle ne semble pas périmée, elle est relative à la constitutionnalité d'une convention fiscale entre la France et le TOM de Nouvelle-Calédonie[8]. Elle institue un cadre juridique pour les conventions conclues entre personnes publiques qui semblent faire l'objet d'une duplication. Deux enseignements résultent de la lecture de cette décision. En premier lieu, le Conseil valide le recours aux conventions entre l'Etat et les personnes publiques secondaires à caractère territorial ; ensuite, la décision ouvre la voie à la contractualisation puisqu'elle précise la possibilité d'utiliser le contrat pour harmoniser les actions respectives dans l'exercice de leurs compétences constitutionnelles et légales. Le Conseil pose la limite suivante : l'utilisation du contrat ne doit pas constituer un moyen de détourner la constitution quant aux règles relatives à la répartition des compétences.

B- Les limites du recours au contrat

Si la décentralisation a conféré aux collectivités territoriales l'autonomie nécessaire à la profusion du

---

[6] CC Dec., n° 84-185 DC du 18 janvier 1985, voir en ce sens Annuaire international de justice constitutionnelle, 1985, p. 416, chron. B. Genevois.

[7] CC Dec. n°08-567 DC du 24 juillet 2008, BJCP, 2008 (60), p. 310-316, note P. Terneyre.

[8] CC Dec. n° 83-160 DC du 19 juillet 1983, AJDA, 1984, p. 28, note J.-P. Jarnevic.

phénomène de contractualisation, il n'en demeure pas moins que cette liberté connaît des limites. Certaines sont traditionnelles, d'autres, en revanche, sont liées à la volonté d'encadrer des pratiques novatrices. Il n'existe pas de liste exhaustive des stipulations prohibées par un principe non écrit ou par une disposition de valeur législative. Néanmoins, en vertu de jurisprudences constantes, il est possible d'affirmer que sont illégales les stipulations par lesquelles l'administration contracterait en matière de police administrative ou renoncerait par contrat à l'exercice de sa compétence[9]. En matière de service public, il est classiquement admis qu'il est impossible de contracter sur l'organisation du service public[10] ; toutefois, une altération de cette règle a été consacrée par le Conseil d'Etat en relation avec les conventions conclues entre de personnes publiques relatives à l'aménagement de la décentralisation dans la mesure où le Conseil d'Etat affirme dans sa décision que ladite convention a pour « objet l'organisation d'un service public »[11]. Enfin, l'interdit concerne également l'exercice du pouvoir de police à propos duquel la conclusion de conventions relatives à cette prérogative est prohibée[12]. De plus et comme en droit civil, l'article 1131 du code civil précise que « l'obligation sans cause ou sur une fausse cause, ou sur une cause illicite, ne peut avoir aucun effet ».

Enfin, ce sont les conventions conclues avec des partenaires étrangers qui peuvent s'inscrire en porte à faux avec les principes du droit public. Selon, une tradition constitutionnelle ancienne l'Etat dispose tant dans l'Etat fédéral que dans l'Etat unitaire du monopole des relations

---

[9] L. Richer, Droit des contrats administratifs, LGDJ, 7e Ed., p. 50 et s.

[10] CE 11 janiver 1961 Barbaro et de la Marnière, rec., p. 25

[11] CE Sect. 31 mars 1989 Département de la Moselle, RFDA, 1989, p. 473.

[12] CE 8 mars 1985 Assoc. les Amis de la Terre, RFDA, 1985, p. 363.

internationales ; la politique de coopération décentralisée s'est longtemps constituée autour de cette règle qui constituait à n'en point douter une limite essentielle à son développement. A l'initiative de l'Union européenne, est né le groupement européen de coopération territoriale qui pour la première fois ouvre une brèche dans cet interdit constitutionnel puisque la transposition du règlement par la loi du 16 avril 2008 permet à une collectivité territoriale française de contracter avec un Etat étranger afin de donner naissance à un GECT[13]. Pourtant, la décision du Conseil Constitutionnel en date du 26 janvier 1995 ne semble pas avoir fait l'objet d'un revirement ; celle-ci prévoyait que l'interdiction « faisait obstacle à autoriser une collectivité à participer à une personne de droit étranger au nom du respect « des conditions essentielles de l'exercice de la souveraineté »[14].

II- l'habitus contractuel

Recours au contrat, contractualisation, administration contractuelle ou encore partenariat, ces expressions ne caractérisent pas un phénomène nouveau hormis leur généralisation au cours des dernières décennies. Il est possible de faire référence aux ententes et aux conférences intercommunales organisées par la loi du 5 avril 1884 ou aux différents contrats d'aménagement relatifs aux villes apparus au cours des années 1970.
Le contrat permet assurément une adaptation des administrations décentralisées aux transformations des usages. Les procédés contractuels ont pour but de permettre une cohérence de l'administration publique en

[13] Notre article, La coopération territoriale au sein de l'espace européen, D.A., 2009, Etudes, 1.
[14] CC Dec. n° 94-358 DC du 26 janvier 1995, Y. Madiot, Vers une territorialisation du droit, RFDA, 1995, p. 946.

abandonnant l'opposition traditionnelle entre affaires locales et affaires nationales. Les collectivités territoriales, délestées de la tutelle de l'Etat, ne sauraient se dispenser de l'aide de l'Etat pour assurer leur développement ; de manière inverse, la politique nationale ne peut réussir sans une déclinaison locale et sans la médiation des collectivités territoriales. La spécialisation des compétences de chaque niveau de collectivités apparaît décalée voire périmée dans la mesure où il n'existe que « des politiques d'ensemble ayant des points d'application territoriaux qui nécessitent négociation »[15].
Le recours au contrat a vocation à assurer l'efficacité d'une administration composée de personnes autonomes. Si la tutelle a pour corollaire l'obéissance, la contractualisation se fonde sur l'adhésion à un projet ainsi qu'à une dynamique. Ce procédé doit inciter les acteurs publics à dépasser leurs particularismes afin de faire naître des liens en matière d'information et de décision. Cette logique s'inscrit dans une relation tant verticale qu'horizontale. Dans ces configurations-là, l'utilisation du contrat génère une égalité pouvant déboucher sur une « administration commune ».

A- Des objets contractuels essentiels

Hors la coopération décentralisée qui constitue un objet spécifique, il est possible de procéder à une qualification reposant d'une part sur les contrats relatifs aux compétences décentralisées et d'autre part sur les contrats de détermination d'actions spécialisées[16].

---

[15] B. Faure, op. cit., p. 432

[16] Cette distinction est établie par B. Faure dans son ouvrage auparavant cité, p. 436 et s. Il existe d'autres distinctions notamment celle établie par G. Marcou qui établit une typologie des conventions en fonction de la détermination juridique des contrats. Ainsi, la

Les contrats relatifs aux compétences décentralisées visent à permettre l'exécution des missions légales des collectivités territoriales ; ces contrats font souvent l'objet d'une définition législative. Il s'agit au premier chef, des contrats visant à transférer aux collectivités les moyens humains et matériels que l'exercice des nouvelles responsabilités décentralisées appelle. Par référence à l'article 7 de la loi du 7 janvier 1983, des conventions types ont été conclues entre les présidents des conseils généraux et régionaux et les préfets dans le but d'établir les modalités de transferts des services départementaux et régionaux. C'est dans le cadre intercommunal que cette pratique des transferts s'est développée afin de faciliter l'exercice des compétences[17]. Doivent également être mentionnés les contrats visant à l'exécution des lois de décentralisation ; ils ne font pas fonction d'alternative à la loi impérative mais s'articulent à elle et permettent de lui donner ses effets en tenant compte des particularismes locaux[18]. Enfin, il est arrivé que sous couvert d'associer les collectivités à l'exécution de lois d'administration générale, le contrat permette de procéder à de nouveaux transferts de compétences ou éventuellement de charges vers les collectivités territoriales. On peut penser aux contrats de plan devenus contrats de projets qui ont

première catégorie est constituée par les conventions qui doivent être obligatoirement conclues selon la volonté du législateur ; la deuxième catégorie regroupe les conventions prévues par la loi dont la conclusion est laissée à la discrétion des parties bien que le législateur en ait défini l'objet et le cadre ; enfin, la dernière catégorie est l'initiative contractuelle des collectivités locales dès lors que ces actes ne portent pas atteinte à la répartition des compétences.

[17] Article L. 5111-1 et s. du CGCT

[18] Article L. 302-4 du Code de la construction et de l'habitation qui prévoit qu'une aide financière de l'Etat est définie par convention avec un EPCI après que celui-ci se soit doté d'un PLH.

souvent permis d'organiser l'action de collectivités territoriales en dehors des lois de répartition (universités, infrastructures nationales, ...).
Le contrat conclu entre personnes publiques peut instituer une programmation d'actions communes en matière d'aménagement, d'équipement, de sécurité, d'action sociale... toute personne publique est susceptible de s'engager dans ce but (Etat, collectivité territoriale ou établissement public). Néanmoins, il est d'usage que ce type de convention soit conclu selon une certaine inégalité, la personne prééminente consentant une forme d'avantage financier ou technique à la personne subordonnée en vue d'une opération à la réalisation de laquelle celle-ci engagera ses compétences[19]. Le contrat se révèle ainsi apte à résoudre les problématiques résultant d'une forme de discontinuité des pouvoirs publics. En effet, chaque collectivité est limitée dans ses compétences (en partie du fait du principe de spécialité), ses ressources et ses moyens, en conséquence elle ne peut apporter aux besoins d'intérêt général qu'une satisfaction partielle. L'outil contractuel montre là toute son utilité dans la mesure où il permet d'agir ensemble, de coordonner l'action de tous les acteurs et ainsi d'éviter les doublons et les désordres au sein de l'action publique. Néanmoins, un problème crucial surgit rapidement : le contrat ne permet pas de laisser libres les collectivités sur les questions qui demandent un traitement global. En cela, son utilisation s'inscrit en faux avec la logique de décentralisation. L'acte contractuel substitue à la différenciation des tâches - issue de la combinaison du principe de spécialité et de la répartition des compétences par blocs - entre personnes publiques voulue par la politique de décentralisation, la loi commune à laquelle les collectivités se sont liées pour les besoins d'autres politiques publiques. Inévitablement, l'Etat en tant que

[19] B. Faure, op. cit., p. 443.

« grand architecte » se trouve à l'interconnexion de ces politiques quand il ne les organise pas lui-même! Ces contrats sont relatifs aux politiques de planification économique et de planification de l'espace (contrats de projets Etat-Régions, contrats en relation avec le SRADT, contrats d'agglomération, contrats de ville, contrats de site, contrats publics d'aménagement, contrats de pays ou encore contrats de développement territorial prévus par la loi du 3 juin 2010 liée à la réforme du « Grand Paris »).

B- Les mutations de l'administration résultant de l'utilisation de l'acte contractuel

Le contrat symbolise habituellement le monde des affaires et constitue le support de l'échange marchand. Aujourd'hui comme nous l'avons évoqué, il concourt à organiser les services publics, il appartient ainsi à la catégorie des remèdes réels ou supposés à la complexité et au cloisonnement de la puissance publique[20]. En matière d'aménagement et de développement, l'acte conventionnel sert tout autant à organiser des relations horizontales que verticales de coopération ; il sert même à associer des acteurs privés à la sphère publique. Il met en exergue une complémentarité avec le règlement et plus généralement le pouvoir unilatéral d'organisation du service public. Ainsi, il permet la définition d'objectifs à long terme communs à plusieurs acteurs dans le cadre de partenariats ; il a pour fonction de mobiliser des financements croisés, de partager des moyens et d'organiser des coopérations. L'utilisation effrénée du contrat, en raison de l'affirmation du principe de libre administration, a conféré aux collectivités une large légitimité.

Le recours au contrat, et plus largement la contractualisation, s'inscrit dans le cadre d'une mutation

[20] Conseil d'Etat, Rapport public, 2008, p. 135

de l'action publique et des méthodes de gouvernement. La négociation est devenue un des maîtres mots de l'action publique, elle s'inscrit dans un contexte généralisé de participation. Ces aspects procéduraux sont essentiels et ils constituent la raison d'être de l'engouement pour le contrat.

La convention est conçue de manière traditionnelle comme le symbole et le signe de l'autonomie des cocontractants, elle est donc souvent mise au service d'une autonomie à réaliser. La doctrine a rapidement admis l'idée selon laquelle la convention pouvait être l'élément juridique efficace, capable d'accroître l'autonomie des collectivités territoriales. Ainsi, la contractualisation permet de substituer à la relation classique d'autorité un partage de l'initiative mais également de la responsabilité. Certains évoquent la naissance d'un « fédéralisme administratif » induit par le recours généralisé à l'acte contractuel que peu d'éléments rapprochent des mécanismes d'un Etat fédéral. L'action locale est indéniablement appréhendée de manière différente depuis la mise en œuvre de la loi du 2 mars 1982 et de ses différentes évolutions. Cette vision renouvelée donne à voir une action publique qui ne peut être conçue que dans une multiplicité d'acteurs. En effet, la multiplication des décideurs locaux conjuguée avec l'enchevêtrement de leurs compétences semblent imposer le contrat. Cet instrument s'inscrit dans la perspective d'une administration subordonnée à des processus de décisions négociées, lents et coûteux.

III- la problématique des contrats relatifs aux compétences

Les pratiques des collectivités territoriales conjuguées avec les réformes nombreuses initiées par le législateur amènent à s'interroger sur la notion de compétence, devenue directement ou indirectement un objet des conventions conclues par les collectivités territoriales. La nouvelle rédaction de l'article L. 1111-4 du CGCT proclame la notion de compétences tout en précisant dans son alinéa 2 : « les compétences attribuées par la loi aux collectivités territoriales le sont à titre exclusif ». Le caractère exclusif est confirmé par le 3e alinéa qui précise la notion de compétence exclusive, dont le caractère absolu est réaffirmé de manière solennelle : « lorsque la loi a attribué à une catégorie de collectivités territoriales une compétence exclusive, les collectivités territoriales relevant d'une autre catégorie ne peuvent intervenir dans aucun des domaines relevant de cette compétence ». Le principe classique du droit public français est apparemment protégé par le législateur.

A- L'exercice des compétences locales et le recours au contrat

Au terme de l'affirmation de l'article L. 1111-4 al. 2, le législateur a jugé bon de préciser une exception non dénuée d'intérêt ; ainsi, la loi peut prévoir à titre exceptionnel « qu'une compétence est partagée entre plusieurs catégories de collectivités territoriales. Les compétences en matière de tourisme, de culture et de sport sont partagées entre les communes, les départements et les régions ». L'explication d'une telle solution réside dans le fait que dans ces domaines, les interventions multiples sont la règle et il serait sans doute très complexe et nocif pour ces activités et pour les acteurs de rigidifier les interventions et les financements. Ainsi, les actions communes ont vocation à devenir pérennes. Une telle approche pose problème selon H. Pauliat[21] : en premier lieu, ce que le législateur a fait, il peut le défaire, la liste ainsi mentionnée peut être modifiée à souhait par le législateur, celui-ci peut procéder à une nouvelle définition des compétences partagées ou exclusives. En second lieu, le partage des compétences pose un problème de lisibilité pour le citoyen qui est également contribuable. Dès lors que les compétences sont partagées, le législateur a la faculté de désigner un chef de file ou bien les collectivités devront s'entendre entre elles par le biais d'un contrat. La notion de chef de file institué par l'article 72 al. 5 est interprétée restrictivement par la juridiction constitutionnelle dans la mesure où celle-ci estime que cet article habilitait la loi à désigner une collectivité territoriale pour « organiser » et non pour « déterminer » les modalités de l'action commune de plusieurs collectivités[22]. Par la loi du 13 août 2004, le législateur a attribué la fonction de collectivité chef de file à la région en matière économique, au département en matière d'action sociale ; le bilan de la mesure apparaît à ce jour mitigé.

Le législateur reconnaît des compétences déléguées ; une collectivité peut déléguer à une collectivité territoriale relevant d'une autre catégorie ou à un EPCI à fiscalité propre une compétence dont elle est attributaire, cela est possible tant en ce qui concerne les compétences exclusives que partagées. La logique et la lisibilité des mécanismes institués relèvent d'une rhétorique singulière : la loi attribue à chaque catégorie de collectivités des compétences qui sont exclusives et les autres collectivités n'ont pas la possibilité d'intervenir. Néanmoins, il est loisible à une collectivité de déléguer à une autre une

---

[21] H. Pauliat et C. Deffigier, La réforme des collectivités territoriales commentée, Le Moniteur, 2011, p. 108.

[22] CC 24 juillet 2008 ; op. cit.

compétence, y compris exclusive, dès lors la clarté initiale du dispositif s'obscurcit. Les compétences ainsi déléguées seront exercées au nom et pour le compte de la collectivité délégante ; on voit ici resurgir la notion de mandat. La convention obligatoire va définir la durée, les objectifs à atteindre et les modalités de contrôle. Le contenu et les modalités de tels actes doivent faire l'objet d'une précision par un décret en Conseil d'Etat qui n'a toujours pas fait l'objet d'une publication.

La même loi, dans son article 75, a fait surgir un nouveau mécanisme du droit des collectivités territoriales qui vise à améliorer la lisibilité des compétences, il s'agit du schéma d'organisation des compétences et de mutualisation des services. Cet outil novateur qui doit être initié dans les six mois qui suivront l'élection des conseillers territoriaux doit fixer les délégations de compétences de la région aux départements et des départements à la région. Toutefois, cela implique, du fait des mécanismes relatifs aux compétences partagées, que les délégations ente les deux collectivités soient prévues une première fois dans le schéma puis formalisées et mises en oeuvre dans une convention. Le schéma fixe également l'organisation des interventions financières respectives de la région et des départements en matière d'investissement et de fonctionnement des projets décidés ou subventionnés par une collectivité territoriale ou par un groupement de collectivités territoriales, les conditions d'organisation et de mutualisation des services. Le législateur a jugé nécessaire de préciser que le schéma porte au moins sur les compétences relatives au développement économique, à la formation professionnelle, à la construction, à l'équipement et à l'entretien des collèges et lycées, aux transports, aux infrastructures, voiries, réseaux, à l'aménagement des territoires ruraux et aux actions environnementales. Il peut concerner toute compétence exclusive ou partagée de la région ou du département. Au-delà de l'incertitude qui peut résulter du schéma quant à la notion de compétence exclusive, les mutualisations envisagées le sont seulement sous un angle économique, alors que le schéma doit servir à construire un vrai projet de territoire.

B- La mise en cause de l'ordonnancement classique

Des interrogations pèsent sur le recours au contrat pour définir l'exercice des compétences. Il semble que dans ce domaine, le législateur ait été très rapide par rapport à l'orthodoxie de la conception du droit public. Les conseillers d'Etat Rougevin-Baville, Denoix de Saint Marc et Labetoulle, dans leur ouvrage, Leçons de droit administratif, affirmaient : « lorsqu'une autorité publique est investie d'une compétence ou d'une prérogative, il ne lui est pas loisible de s'en dépouiller et de renoncer à en faire usage », ils poursuivaient leur démonstration en énonçant « ce n'est pas pour son propre agrément, son confort ou sa satisfaction personnels que cette compétence ou cette prérogative lui est conférée, mais pour servir l'intérêt général et remplir les fonctions qui lui incombent en vertu de notre organisation constitutionnelle, politique et administrative »[23].

En vertu de ce principe général, l'administration n'est pas libre d'utiliser l'outil contractuel à sa guise comme l'a clairement énoncé le Conseil d'Etat dans plusieurs décisions[24]. Pourtant, en droit des collectivités

---

[23] M. Rougevin-Baville, R. Denoix de Saint Marc, D. Labetoulle, Leçons de droit administratif, Hachette, 1989, p. 175.

[24] CE 2 mars 1973 Syndicat national du commerce en gros des équipements, pièces pour véhicules ou outillage, rec., p. 181.
CE 20 janvier 1978 Syndicat national de l'enseignement technique et agricole, rec., p. 23.

territoriales, l'évolution est significative comme le montre le décret du 7 mai 2012[25], ce texte définit le contenu et les conditions dans lesquelles les conventions relatives aux délégations de compétences, entre collectivités territoriales prévues par l'article L. 1111-8, peuvent être conclues. C'est donc une mutation manifeste du droit public qui s'opère sans que l'attention soit focalisée sur cet élément.

Il est possible de s'interroger sur la conformité à la constitution de l'article L.1111-8, bien que cette disposition n'ait pas été contestée en 2010 par les requérants et par ricochet sur la conformité des règles énoncées par le décret du 7 mai 2012. En effet, il semble difficile de ne pas voir là un risque de tutelle exercée par une collectivité sur un autre, pratique proscrite par l'article 72 al. 5 de la Constitution. Le Conseil Constitutionnel dans sa décision du 28 juillet 2008[26] avait mis en avant une interprétation restrictive de l'action commune qui permet de douter de la constitutionnalité du dispositif actuel[27]. La convention pouvant s'analyser comme un contrat de mandat, les pouvoirs du mandant sur le mandataire, en droit des contrats, sont très larges et lui confèrent une réelle autorité sur son cocontractant.

La mutation du droit qui s'opère, par l'utilisation du contrat pour l'exercice des compétences est riche de conséquences. En effet, sans réellement modifier le cadre constitutionnel ni mettre en cause les principes structurants du droit public, le législateur procède à une transformation des modalités d'exercice des compétences par le recours au contrat. Si l'unilatéralité symbolisait

---

[25] Décret n°2012-716 du 7 mai 2012, JO 8 mai 2012.

[26] CC 2008-567 DC du 24 juillet 2008

[27] G. Marcou, L'action commune des collectivités territoriales selon le Conseil Constitutionnel : organiser n'est pas déterminer, in Terres du droit, Mélanges en l'honneur d'Y. Jegouzo, Dalloz, 2009, p. 224-240.

l'exercice des compétences, à présent le contrat peut également être utilisé, mais au-delà, on constate qu'une collectivité titulaire d'une compétence dévolue par le législateur n'est pas dans l'obligation de l'exercer personnellement, elle peut en disposer. Le législateur et les pouvoirs réglementaires ayant prévu et organisé le transfert de compétences ainsi que la mutualisation de celles-ci.

Le contrat a indéniablement connu un large développement au sein de l'action publique en lien avec l'affirmation du « local ». La liaison entre décentralisation et contractualisation est facile, mais est-elle, à elle seule, suffisante pour expliquer le développement du contrat ? La réponse n'est, semble-t-il pas d'ordre juridique. Il n'en demeure pas moins, que pour les juristes, ce développement du contrat fait surgir une remise en cause des principes du droit public et des relations entre personnes publiques. La décentralisation esquissée, à partir de 1982, s'est progressivement modifiée et aujourd'hui, le contrat apparaît comme étant un outil pouvant servir à organiser l'intégralité des relations entre personnes publiques, y compris l'organisation des compétences.

Contrats, collectivités territoriales et droit de la concurrence

Guylain Clamour
Professeur à la Faculté de droit de Montpellier

Confronté au droit de la concurrence, au droit public de la concurrence, voire au droit de la concurrence publique, le régime des contrats des collectivités territoriales a connu de riches évolutions depuis la fin des années quatre-vingt-dix. En une courte période, les préoccupations concurrentielles ont connu une ascension fulgurante, se propageant tant en matière de passation que d'exécution, tel un véritable flux continu dont il importe de souligner l'ampleur. Reste que, malgré la persistance rétinienne qui en résulte, des touches jurisprudentielles successives et de plus en plus marquées dénotent une inversion de courant et résonnent comme autant de signes d'un reflux que l'on souhaiterait ici tenter de mettre en lumière.

I – Le flux

En un peu plus d'une dizaine d'années, les préoccupations concurrentielles ont finement été intégrées dans le prétoire administratif. A l'aube d'une maturité dans la répartition des compétences contentieuses, les offices respectifs affichent désormais une véritable complémentarité.

Originellement, à la question de savoir quel est l'ordre juridictionnel compétent pour faire application du droit de la concurrence à un acte administratif, le Tribunal des conflits répondit en rappelant que le droit de la concurrence s'applique à toute activité de distribution, de production et de services, puis en avançant qu'un acte administratif ne saurait constituer une telle activité, posant ainsi la majeure et la mineure d'un syllogisme concluant nécessairement que le droit de la concurrence n'est pas applicable à un acte administratif (TC, 6 juin 1989, *Préfet Région Île-de-France* : Rec. p. 293 ; AJDA 1989, p. 431, chron. M. Honorat et M. Baptiste ; JCP G 1990, II, 21395, note Ph. Terneyre ; RFDA 1989, p. 457, concl. B. Stirn ; RDP 1989, p. 1780, note Y. Gaudemet), qu'il soit unilatéral ou contractuel (TC, 19 janv. 1998, *Union française Express c/ La Poste* : Rec. p. 534 ; D. 1998, jurispr. p. 329, concl. J. Arrighi de Casanova ; RFDA 1999, p. 189, note B. Seiller).

Dix ans plus tard, la Haute juridiction abandonna son raisonnement en termes de liaison de la compétence et du fond pour retenir une solution apaisée consistant à déterminer la compétence contentieuse au regard de la question posée au juge, indépendamment du droit applicable à l'acte administratif en cause : « *si dans la mesure où elles effectuent des activités de production, de distribution ou de services les personnes publiques peuvent être sanctionnées par le Conseil de la concurrence agissant sous le contrôle de l'autorité judiciaire, les décisions par lesquelles ces personnes assurent la mission de service public qui leur incombe au moyen de prérogatives de puissance publique, relèvent de la compétence de la juridiction administrative pour en apprécier la légalité et, le cas échéant, pour statuer sur la mise en jeu de la responsabilité encourue par ces*

personnes publiques » (TC, 18 oct. 1999, *ADP et Cie nat. Air France c/ TAT European Airlines* : Rec. p. 469, concl. R. Schwartz ; AJDA 1999, p. 996, chron. P. Fombeur et M. Guyomar, et p. 1029, note M. Bazex ; RFDA 2000, p. 567, note Y. Laidié).
Sous l'empire de cette jurisprudence, dès lors qu'il s'agit d'apprécier la légalité d'une décision par laquelle une personne publique assure la mission de service public qui lui incombe au moyen de prérogatives de puissance publique, ou qu'il s'agit de mettre en jeu la responsabilité de l'administration à cette occasion, seul l'ordre juridictionnel administratif est compétent, même si le litige présente un fondement contractuel (CA Paris, 2 juill. 2002, *Synd. nat. producteurs indépendants électricité thermique*, n° 2000/16142, 2000/19769). Une fois la compétence juridictionnelle déterminée, le juge administratif pourra faire application du droit de la concurrence, tel est du moins la lecture *a posteriori* que l'on peut faire de l'arrêt *Société Eda* (CE, sect., 26 mars 1999, *Sté Eda* : Rec. p. 96, concl. J.-H. Stahl ; AJDA 1999, p. 427, note M. Bazex ; D. 2000, jurispr. p. 204, note J.-P. Markus ; RDP 1999, p. 1545, note S. Manson ; RFDA 1999, p. 977, note D. Pouyaud) et tel est, *mutatis mutandis*, la solution consacrée pour le droit de la consommation (*cf.* G. Clamour, « Personnes publiques et droit de la consommation », *J.-Cl. Administratif*, Fasc. 150-10).

En dernière étape, il a été finement précisé que l'exclusivité de la compétence du juge administratif ne vaut que pour les actes administratifs constituant des « *décisions par lesquelles ces personnes assurent la mission de service public qui leur incombe au moyen de prérogatives de puissance publique* ». Si tel n'est pas le cas, s'impose une juxtaposition de compétences contentieuses parallèles. Il va ainsi s'agissant des marchés publics, plus précisément de litiges entre parties à un marché public soulevant une pratique anticoncurrentielle dans l'exécution du contrat (TC, 4 mai 2009, n° 3714, *Éditions Jean-Paul Gisserot c/ Centre des monuments nationaux :* Rec. p. 582 ; AJDA 2009, p. 1490, note G. Eckert ; Dr. adm. 2009, comm. 145, note M. Bazex ; LPA 2009, n° 120, p. 12, concl. M. Guyomar ; RLC 2009/21, n° 1468, note G. Clamour). Quoique contrats administratifs par détermination de la loi, les marchés publics passés en application du code des marchés publics « *ne traduisent pas la mise en œuvre de prérogatives de puissance publique* », ce qui ne permet pas d'extraire de la compétence de l'Autorité de la concurrence les pratiques anticoncurrentielles commises à leur occasion. Mais, parce que contrats administratifs par détermination de la loi, les marchés publics relèvent du juge administratif en qualité de juge du contrat pour ce qui concerne le contentieux de leur exécution et, donc, les conséquences indemnitaires d'une pratique anticoncurrentielle commise par une partie.

C'est que, désormais, se déploient et se cumulent deux voies d'action respectivement devant l'Autorité de la concurrence et devant le juge du contrat : la première « *pourra être appelé[e] à se statuer au regard des règles de la concurrence et le second est susceptible, ainsi que le juge judiciaire saisi d'un recours, de se prononcer sur la légalité ou l'exécution du contrat. Mais chacun ne pourra le faire que dans les strictes limites de son office* » (Guyomar M., concl. préc.). Deux voies d'action parfaitement complémentaires au regard des offices en présence, l'Autorité de la concurrence devant sanctionner le dommage à l'économie, le juge du contrat apprécier les fautes contractuelles.

C'est ainsi par la complémentarité des offices que s'est pleinement dévoilée la maturation de la répartition des compétences contentieuses. C'est également elle qui, au sein de l'ordre juridictionnel administratif, irrigue deux puissants courants jurisprudentiels.

Né à une époque où l'on retenait que le droit de la concurrence ne pouvait s'appliquer à un acte administratif, faute pour ce dernier de constituer une activité de production de distribution ou de services, le courant jurisprudentiel de « l'opposabilité » du droit de la concurrence a permis d'apprécier, en excès de pouvoir, les effets anticoncurrentiels d'un acte administratif. Depuis la jurisprudence *Million et Marais* (CE, sect., 3 nov. 1997 : Rec. CE 1997, p. 406, concl. J.-H. Stahl ; GAJA 2005, n° 105 et réf. citées), il est ainsi acquis qu'un acte administratif est illégal s'il place nécessairement son destinataire en situation de méconnaitre le droit de la concurrence. Si le comportement de ce dernier peut très bien être attrait devant l'Autorité de concurrence, l'acte administratif qui l'a induit, organisé ou avalisé pourra ainsi être annulé par le juge administratif qui, plus largement, protège le principe de libre concurrence découlant de l'ordonnance du 1er décembre 1986 (CE, 1er avr. 1998, Union hospitalière privée : Rec. p. 114 ; RD sanit. soc. 1998, p. 816, concl. J.-C. Bonichot ; RJDA 1998, n° 1301 ; Mon. TP 17 juill. 1998, n° 4938, p. 31, note E. Delacour) et veille à ce que l'exercice par l'autorité administrative de ses pouvoirs n'ait pas pour effet de conduire « *à empêcher, restreindre ou fausser le jeu de la concurrence sur un marché* » (CE, 30 avr. 2003, *Synd. professionnel exploitants indépendants réseaux d'eau et assainissement* : Rec. p. 189 ; AJDA 2003, p. 1150, chron. F. Donnat et D. Casas ; BJCP 2004, n° 32, p. 39, concl. J.-H. Stahl ; CP-ACCP 2003, n° 24, p. 71, note

L. Richer ; Contrats-Marchés publ. 2003, comm. 125, obs. E. Delacour ; Dr. adm. 2003, comm. 123, obs. M. Bazex et S. Blazy ; Dr. soc. 2003, p. 999, note P.-H. Antonmattéi et S. Destours - CE, sect., 10 mars 2006, *Cne Houlgate* : Rec. p. 138 ; AJDA 2006, p. 751, note J.-D. Dreyfus ; BJCP 2006, n° 46, p. 203, concl. D. Casas, p. 209, obs. Ch. M. ; Contrats-Marchés publ. 2006, comm. 150, obs. G. Eckert ; Contrats, conc., consom. 2006, comm. 136, obs. P. Brunet ; Dr. adm. 2006, comm. 94, note A. Ménéménis ; RLC 2006/8, n° 578, note G. Clamour - CE, 7 déc. 2005, *Société Ryanair* : Rec. p. 554 ; RLC 2006/6, n° 447, obs. G. Clamour)

En matière contractuelle (sur l'ensemble de la question, *cf.* O. Guézou, « Droit de la concurrence et contrats publics. Contentieux administratif et pratiques anticoncurrentielles », *in Contrats publics, Mélanges Guibal*, PUM 2006, t. I, p. 107), c'est ainsi que les clauses d'une délégation de service public « *ne peuvent légalement avoir pour effet de placer l'entreprise dans une situation où elle contreviendrait* » aux prescriptions du droit des pratiques anticoncurrentielles (CE, sect., 3 nov. 1997, *Sté Million et Marais*, préc.) ou que celles d'un marché public ne sauraient davantage « *avoir pour effet de placer les entreprises cocontractantes dans une situation où elles contreviendraient aux prescriptions* » de l'article L. 420-1 du Code de commerce (TA Nice, 9 nov. 1998, *préfet Alpes-Maritimes*, BID 1999, n° 4, p. 40. *Adde* Cons. conc., avis n° 91-A-07, 24 sept. 1991 : BOCC 1991, p. 323). De même, un acheteur public ne saurait contacter des entreprises et simuler une mise en concurrence (V. les circonstances de l'affaire *Commune Baie-Mahault*, Cons. conc., déc. n° 91-D-13, D-14, D-15, 14, 15 et 26 mars 1991 : BOCC 1991, p. 109-110), limiter le nombre de lots susceptibles d'être attribué à une même entreprise (TA

Lyon, 13 déc. 2001, *préfet Région Rhône-Alpes* : CP-ACCP 2002, n° 12, p. 57, note R. Granjon - CAA Bordeaux, 4 mars 2003, *Dpt Deux-Sèvres* : AJDA 2003, p. 895, note J.-D. Dreyfus) ou encore entériner un abus de position dominante opéré par une entreprise candidate à l'attribution d'un marché (V. les circonstances de l'affaire *Société Biwater c/ Pont à Mousson*, Cons. conc., déc. n° 92-D-62, 18 nov. 1992 : BOCC 1993, p. 15 ; décision confirmée par CA Paris, 7 mai 1997 : BOCC 1997, p. 407) comme avaliser une entente illicite (TA Rouen, 28 avr. 2000, *Entreprise Jean Lefebvre Normandie* : AJDA 2000, p. 852, note C. Bréchon-Moulènes), pas plus que le délégant ne saurait accepter l'offre d'un candidat ayant bénéficié d'un avantage anticoncurrentiel (CE, sect., 10 mars 2006, *Cne Houlgate*, préc.)

Plus généralement, il résulte des dispositions relatives à la passation des marchés publics et des délégations de service public, « *comme tant des exigences de l'égal accès à la commande publique que du principe de liberté de la concurrence, que la personne publique responsable est tenue de poser, pour l'attribution de la délégation [ou du marché], des conditions qui assurent une égalité de traitement des candidats* » (CAA Bordeaux, 23 mai 2006, *Assoc. Fouras Environnement Écologie* : RLC 2006/9, n° 645, obs. G. Clamour). Il lui appartient ainsi, « *de s'assurer, lorsqu'elle engage une procédure de passation d'un marché public, que les règles de libre concurrence sont effectivement respectées* » (CE, 28 avr. 2003, *Féd. nat. géomètres-experts* : Rec. tables, p. 623 ; Contrats-Marchés publ. 2003, comm. 119, note Ph. Delelis ; Dr. adm. 2003, comm. 143, note A. Ménéménis). En conséquence, non seulement un pouvoir adjudicateur ne saurait retenir une entreprise dès lors que sa décision de choix avaliserait une entente illicite à laquelle prendrait part cette dernière (TA Rouen, 28 avr. 2000, *Entreprise Jean Lefebvre*, préc. - TA Paris, 16 mars 2004, *Sté Renault Véhicules Industriels c/ État* : LPA 26 nov. 2004, p. 17, concl. A. Guedj), mais, plus encore, il se voit parfois imposer une véritable obligation d'élimination des offres qui portent atteinte au libre jeu de la concurrence (TA Bastia, 6 févr. 2003, *SARL Autocars Mariani c/ Dpt Haute-Corse* : AJDA 2003, p. 738, note S. Palmier ; CP-ACCP 2003, n° 23, p. 55, note C. Cabanes et P. Marty ; Dr. adm. 2003, comm. 104, note R. Roux. *Adde* Cons. conc., déc. n° 06-D-32, 31 oct. 2006, *Marchés publics dans le département de l'Aveyron* : BOCC 2007, p. 490, points 48-49 ; RLC 2007/10, n° 699, obs. S. Destours).

Empreinte de « *cohérence de l'ordre juridique* » (J.-H. Stahl, concl. préc. sur CE Sect., 3 nov. 1997, *Sté Million et Marais*), l'« opposabilité » du droit de la concurrence aux actes administratifs, qui s'épanouit dans le contentieux de l'annulation, est ainsi précieusement complémentaire à l'office des autorités de concurrence. Tout comme l'est la jurisprudence *Société Jean-Louis Bernard Consultants* s'agissant de la concurrence publique. Si pareille concurrence relève sans conteste des autorités de concurrence, le juge administratif peut également en connaître lorsque les opérateurs publics répondent à un pouvoir adjudicateur dès lors que « *pour que soient respectés tant les exigences de l'égal accès aux marchés publics que le principe de liberté de la concurrence qui découle notamment de l'ordonnance du 1er décembre 1986, l'attribution d'un marché public ou d'une délégation de service public à un établissement administratif suppose, d'une part, que le prix proposé par cet établissement public administratif soit déterminé en prenant en compte l'ensemble des coûts directs et indirects concourant à la formation du prix de la prestation objet du contrat, d'autre part, que cet établissement public n'ait pas bénéficié, pour déterminer le prix qu'il a proposé, d'un avantage découlant des ressources ou des moyens qui lui sont attribués au titre de sa mission de service public et enfin qu'il puisse, si nécessaire, en justifier par ses documents comptables ou tout autre moyen d'information approprié* » (CE, sect., avis cont., 8 nov. 2000, *Sté Jean-Louis Bernard Consultants* : Rec. p. 492 ; AJDA 2000, p. 987, chron. M. Guyomar et P. Collin ; CJEG 2001, p. 58, note M. Degoffe et J.-D. Dreyfus ; Contrats-Marchés publ. 2001, étude 2, note G. Eckert ; Dr. adm. 2001, étude 8, note Y. Laidié ; JCP G 2001, I, 357, note E. Delacour ; RFDA 2001, p. 112, concl. C. Bergeal)

Une seconde complémentarité tout aussi remarquable repose intégralement sur les conséquences du dualisme juridictionnel. Depuis l'arrêt *Société Eda*, il est acquis qu'un acte administratif, dont le contentieux ne ressortit qu'à la compétence du juge administratif, peut méconnaître, non pas tant par les effets qu'il induit mais par ses les modalités elles-mêmes, le droit de la concurrence. Alors que les autorisations d'occupation du domaine public, parce qu'elles « *constituent l'usage de prérogatives de puissance publique liées à la mise en œuvre d'une mission de service public ou à la manifestation des pouvoirs régaliens conférés à l'Administration, dans l'intérêt public, sur le domaine public, sont des décisions administratives bénéficiant de l'immunité juridictionnelle au regard de la compétence du Conseil de la concurrence et, partant, de la Cour d'appel de Paris* » (Cass. com., 19 nov. 2002, *SA Lys de France* : Bull. civ. 2002, IV, n° 170 ; Contrats, conc., consom. 2002, comm. 24, obs. M. Malaurie-Vignal ; RJDA 2003, n° 196), les conditions de leur octroi et de leur refus peuvent caractériser un abus de position dominante de la personne publique gestionnaire. Telle fut la question posée à propos de l'exigence de l'ancien établissement public Aéroport de Paris de n'accepter, de la part des loueurs de véhicules, que des offres conjointes sur Roissy et sur Orly pour bénéficier d'une autorisation d'occuper le domaine public.

C'est ainsi que fut posé, en 1999, le considérant de principe aux termes duquel, « *s'il appartient à l'autorité administrative affectataire de dépendances du domaine public de gérer celles-ci tant dans l'intérêt du domaine et de son affectation que dans l'intérêt général, il lui incombe en outre lorsque, conformément à l'affectation de ces dépendances, celles-ci sont le siège d'activités de production, de distribution ou de services, de prendre en considération les diverses règles, telles que le principe de la liberté du commerce et de l'industrie ou l'ordonnance du 1er décembre 1986, dans le cadre desquelles s'exercent ces activités* », le Conseil d'Etat ajoutant qu'« *il appartient alors au juge de l'excès de pouvoir, à qui il revient d'apprécier la légalité des actes juridiques de gestion du domaine public, de s'assurer que ces actes ont été pris compte tenu de l'ensemble de ces principes et de ces règles et qu'ils en ont fait, en les combinant, une exacte application* » (CE, sect., 26 mars 1999, *Sté Eda* : Rec. p. 96, concl. J.-H. Stahl ; AJDA 1999, p. 427, note M. Bazex ; D. 2000, jurispr. p. 204, note J.-P. Markus ; RDP 1999, p. 1545, note S. Manson ; RFDA 1999, p. 977, note D. Pouyaud).

Nouveau standard (*cf.* not. CAA Paris, 4 déc. 2003, *Sté équipement Tahiti et îles* : Contrats-Marchés publ. 2004, comm. 54, obs. G. Eckert ; AJDA 2005, p. 200, note S. Nicinski ; Rev. Lamy conc. 2005/3, n° 216, note G.

Clamour - TA Lille, 28 févr. 2006, n° 0405868, *SARL Gérald Demeyer Communications* : Rev. Lamy conc. 2007/13, n° 926, obs. G. Clamour), cette solution a notamment permis, dans les instances d'appel de l'affaire *EURL photo Josse*, d'annuler des refus d'accéder à des œuvres exposées dans des musées, opposés à un photographe professionnel (CAA Nantes, 4 mai 2010, n° 09NT00705, *EURL Photo Josse :* AJDA 2010, p. 1475, chron. S. Degommier, RLC 2010/25, n° 168, chron. G. Clamour - CAA Lyon, 7 juill. 2011, n° 09LY02676, *EURL Photo Josse :* RLC, 2012/30, n° 1983, chron. G. Clamour).

De droit de la concurrence en liberté du commerce et de l'industrie, les avancées jurisprudentielles de ces quinze dernières années ont été aussi majeures que prometteuses. Pourtant, cette vague progressiste amorce son reflux.

II – Le reflux

Sous un climat de réchauffement continu de la concurrence publique, la liberté du commerce et de l'industrie perd du terrain alors que l'ombre portée du droit de la concurrence se réduit insensiblement.

S'agissant de la concurrence publique, l'on sait que la question de la prise en charge par une personne publique d'une activité économique est gouvernée par l'arrêt d'Assemblée *Ordre des avocats au Barreau de* Paris rappelant que « *les personnes publiques sont chargées d'assurer les activités nécessaires à la réalisation des missions de service public dont elles sont investies et bénéficient à cette fin de prérogatives de puissance publique »*. En outre, complète l'arrêt de principe, « *si elles entendent, indépendamment de ces missions, prendre en charge une activité économique, elles ne peuvent légalement le faire que dans le respect tant de la liberté du commerce et de l'industrie que du droit de la concurrence ; qu'à cet égard, pour intervenir sur un marché, elles doivent, non seulement agir dans la limite de leurs compétences, mais également justifier d'un intérêt public, lequel peut résulter notamment de la carence de l'initiative privée* » (CE, ass., 31 mai 2006, n° 275531, *Ordre avocats Barreau de Paris*, Rec. CE 2006, p. 272 ; AJDA 2006, p. 1595, chron. C. Landais et F. Lenica ; BJCP 2006, n° 47, p. 295, concl. D. Casas et obs. R.S. ; Contrats marchés publ. 2006, comm. 202, note G. Eckert ; Dr. adm. 2006, comm. 129, note M. Bazex ; JCP A 2006, n° 1133, note F. Linditch ; RFDA 2006, p. 1048, concl. D. Casas ; RLC 2006/9, n° 641, note G. Clamour). Affichant un principe de non-concurrence, cette jurisprudence masque mal la réalité d'une liberté économique de fait des personnes publiques (*cf.* G. Clamour, « Qui peut le moins peut le plus … ! Ou la liberté économique de fait des personnes publiques », JCP A 2007, n° 2286) tant la notion d'intérêt public présente une certaine plasticité (*cf.* not. CE, 3 mars 2010, n° 306911, *Département de la Corrèze :* Contrats marchés publ. 2010, comm. 146, note G. Eckert ; JCP A 2010, n° 2203, note P. Idoux ; RJEP 2010, comm. 51, concl. E. Cortot-Boucher et comm. 52, note G. Pellissier ; RLC 2010/24, n° 1642, note G. Clamour).

Par ailleurs, pour les activités économiques prises en charge non pas indépendamment mais conséquemment aux missions de service public, les conditions de la jurisprudence *OABP* ne trouvent pas à jouer. Comme l'a récemment posé le Conseil d'Etat, « *ni la liberté du commerce et de l'industrie, ni le droit de la concurrence ne font obstacle* » à ce que les personnes publiques « *décident d'exercer elles-mêmes, dès lors qu'elles le font exclusivement à cette fin, les activités qui découlent de la satisfaction de ces besoins, alors même que cette décision est susceptible d'affecter les activités privées de même nature* » (CE Ass., 26 oct. 2011, *Association pour la promotion de l'image (API) et autres* : AJDA 2012, p. 35, chron. M. Guyomar et X. Domino ; Dr. adm. 2012, comm. 1, V. Tchen ; RLC 2012/30, n° 1977, note G. Clamour).

Au contraste entre l'apparence de non-concurrence et la réalité d'une quasi-libre concurrence entre opérateurs publics et opérateurs privés, s'ajoute l'affirmation explicite d'un principe de libre et égale concurrence, au profit des personnes publiques, dans l'accès à la commande publique (CE, sect., avis cont., 8 nov. 2000, Sté *Jean-Louis Bernard Consultants*, préc.) qui permet à ces dernières de se porter candidates à l'attribution d'un marché public ou d'une délégation de service sans même avoir à justifier d'un intérêt public. Il a en effet été jugé, de manière aussi étonnante que contestable, que « *dès lors qu'il ne s'agit pas de la prise en charge par [une personne publique] d'une activité économique mais uniquement de la candidature d'un de ses services, dans le respect des règles de la concurrence, à un marché public (...), le juge des référés [commet] une erreur de droit en subordonnant la légalité de cette candidature à l'existence d'un intérêt public* » (CE, 10 juill. 2009, *Département de l'Aisne* : AJDA 2009, p. 2006, note J.-D. Dreyfus ; BJCP 2009, n° 67, p. 444, concl. F. Lenica ; Contrats marchés publ. 2009, comm. 270, note G. Eckert ; Dr. adm. 2009, comm. 127 note G. Marson ; RFDA 2010, p. 146, note G. Clamour. *Adde* CAA Nantes, 4 nov. 2011, n° 10NT01095, *Armor SNC* : RLC 2012/33, n° 2154, note G. Clamour).

Au-delà de la progression larvée de la concurrence publique légitimée, un autre reflux, bien plus assumé, se fait jour à partir du droit de la propriété publique.

L'on passera rapidement sur les turpitudes de la mise en concurrence des autorisations d'occupation du domaine public : alors que les « règles fondamentales du Traité » avaient pu être convoquées pour encadrer l'octroi de telles autorisations (TA Nîmes, 24 janv. 2008, n° 0620809, *Société des Trains touristiques G. Eisenreich* : AJDA 2008, p. 2172, note J.-D. Dreyfus ; Dr. adm. 2009, comm. 6, note L. Battoue ; CP-ACCP 2008, n° 83, p. 71, note L. Givord et L. Ayache ; RLC 2008/16, n° 1145, note G. Clamour) et que l'Autorité de la concurrence avait pu souligner combien la transparence en la matière constituerait une garantie d'effectivité des règles du droit de la concurrence (Cons. conc., avis n° 04-A-19, 21 oct. 2004, *Occupation du domaine public pour la distribution de journaux gratuits* : CP-ACCP 2005, n° 44, p. 53, note A. Le Miere et D. Hasday ; RJEP 2005, p. 144, note P. D., RLC 2005/2, n° 145, obs. M. Bazex et S. Blazy), le Conseil d'Etat a retenu qu'« *aucune disposition législative ou réglementaire ni aucun principe n'imposent à une personne publique d'organiser une procédure de publicité préalable à la délivrance d'une autorisation ou à la passation d'un contrat d'occupation d'une dépendance du domaine public, ayant dans l'un ou l'autre cas pour seul objet l'occupation d'une telle dépendance* », étant précisé qu'« *il en va ainsi même lorsque l'occupant de la dépendance domaniale est un opérateur sur un marché concurrentiel* » (CE, sect., 3 déc. 2010, *Ville de Paris et Association Paris Jean Bouin* : AJDA 2011, p. 21, chron. E. Glaser ; Contrats marchés publ. 2011, comm. 25, note G.Eckert ; Dr. adm. 2011, comm. 17, note F. Brenet et F. Melleray ; JCP G 2010, n° 1246, note J.-G. Sorbara ; JCP

A 2011, n° 2043, note C. Devès ; RJEP 2011, comm. 20, note C. Maugüé ; RLC 2011/26, n° 1737, note G. Clamour).

Au-delà de ces questions, le véritable reflux concerne la jurisprudence *Société Eda* ostensiblement battue en brèche par deux simples arrêts de sous-sections réunies. Là où le conseil d'Etat exigeait hier que les autorisations d'occupation du domaine public soient édictées en prenant compte l'intérêt du domaine, l'intérêt général, le principe de la liberté du commerce et de l'industrie et les règles de concurrence, il se borne désormais à poser que « *la décision de refuser une telle autorisation, que l'administration n'est jamais tenue d'accorder, n'est pas susceptible, par elle-même, de porter atteinte à la liberté du commerce et de l'industrie* » (CE, 23 mai 2012, *Régie autonome des transports parisiens (RATP)* : AJDA 2012, p. 1151, chron. E. Glaser ; BJCP 2012, p. 291, concl. N. Boulouis ; Contrats - Marchés publ. 2012, comm. 258, note S. Ziani ; Dr. adm. 2012, comm. 89 note F. Brenet ; RFDA 2012, p. 1181, note S. Nicinski ; RJEP 2012, comm. 49 note M. Ubaud-Bergeron ; RLC 2012/32, n° 2106, note G. Clamour). Toutefois, entend préciser l'arrêt, une telle décision ne saurait avoir « *pour effet de méconnaître le droit de la concurrence, notamment en plaçant automatiquement l'occupant en situation d'abuser d'une position dominante, contrairement aux dispositions de l'article L. 420-2 du code de commerce* » (*ibid.*).

Une telle rédaction constitue un net recul par rapport aux potentialités ouvertes par l'arrêt *Société Eda* qui avait, en premier lieu, redonné tout son lustre au principe de la liberté du commerce et de l'industrie. Il faut en effet se rappeler que, sous l'empire de cette jurisprudence, des refus d'autorisation ont pu être annulés au seul motif d'une méconnaissance du principe de la liberté du commerce et de l'industrie. Tel fut par exemple le cas en première instance dans l'affaire des journaux gratuits ayant donné lieu à l'arrêt *RATP* dont il est question (*cf.* TA Paris, 2 nov. 2010, nos 0808815, 0808823 et 0808827, *20 Minutes France*, et CAA Paris, 14 avr. 2011, n° 10PA05734, *RATP* pour le sursis à exécution : RLC 2011/28, n° 1852, note G. Clamour). Tel fut également le cas, on l'a dit, dans les affaires *EURL photo Josse* à propos de refus de principe opposés à des demandes d'autorisation de photographier des œuvres d'art dans un musée (CAA Nantes, 4 mai 2010, n° 09NT00705, *EURL Photo Josse*, préc. - CAA Lyon, 7 juill. 2011, n° 09LY02676, *EURL Photo Josse*, préc.).

Sans renouer avec la jurisprudence originelle qui, à la différence de ce qui prévaut pour l'exercice des pouvoirs de police (CE, ass., 22 juin 1951, *Daudignac :* Rec. p. 362, GAJA n° 65), retenait que « *le principe de la liberté du commerce et de l'industrie ne saurait faire obstacle à l'exercice [du] pouvoir de gestion* » domaniale (CE, sect., 20 déc. 1957, *Société nationale d'éditions cinématographiques :* Rec. p. 702 ; S. 1958, p. 73. *Adde* CE, sect., 2 mai 1969, *Sté affichage Giraudy*, Rec. CE 1969, p. 238 ; AJDA 1970, p. 110, note A. de Laubadère), la haute juridiction administrative cantonne le caractère opérant du moyen tiré de la méconnaissance du principe de la liberté du commerce et de l'industrie en précisant que le respect de ce principe implique simplement, « *d'une part, que les personnes publiques n'apportent pas aux activités de production, de distribution ou de services exercées par des tiers des restrictions qui ne seraient pas justifiées par l'intérêt général et proportionnées à l'objectif poursuivi* », dans la veine de la jurisprudence *Daudignac* déclinée par l'arrêt *Société Compagnie des bateaux-mouches* (CE, 15 mai 2009 : Rec. p. 209 ; AJDA 2009, p. 1812 chron. S. Nicinski ; RLC, 2009/20, n° 1419, note G. Clamour) et, d'autre part, dans la logique de la jurisprudence *OABP*, « *qu'elles ne puissent prendre elles-mêmes en charge une activité économique sans justifier d'un intérêt public* » (CE, 23 mai 2012, *Régie autonome des transports parisiens (RATP)*, préc.).

En considérant que la « *liberté du commerce et de l'industrie reste centrée sur le droit des opérateurs de s'opposer à des restrictions* » et qu'elle « *ne comprend pas aujourd'hui le droit à ce que les autorités publiques favorisent, directement ou indirectement, par des mesures positives ou négatives, une libre et égale concurrence* » (N. Boulouis, concl. préc. sur CE, 23 mai 2012, *Régie autonome des transports parisiens (RATP)*), cette solution interdit toute annulation de refus d'accéder au domaine public au motif d'une entrave à la liberté d'entreprendre d'un opérateur économique dont l'activité passe par un accès au domaine. Tel est le sort des demandes pour lesquelles l'occupation du domaine est une fin en soi, mais aussi de celles où, à l'inverse, c'est l'exploitation économique subséquente qui est en jeu à l'instar des données de l'espèce *EURL Photo Josse* qui concernait l'accès à un musée pour effectuer des prises de vues de collections de musée à des fins de commercialisation des reproductions photographiques ainsi obtenues. Le Conseil d'Etat a en effet jugé qu'il est « *loisible à la collectivité publique affectataire d'œuvres* » d'art « *de ne pas autoriser un usage privatif de ce domaine public mobilier sans que (...) puisse utilement être opposé à ce refus aucun droit, fondé sur le principe de la liberté du commerce et de l'industrie, à exercer une activité économique sur ce domaine public* » (CE, 29 oct. 2012, *Commune de Tours* : Contrats et marchés publ. 2012, comm. 342 note P. Devillers ; Dr. adm. 2012, comm. 96 note S. Ziani ; JCPA 2012, 2390 note S. Carpi-Petit et 2392, note C. Vocanson ; RLC 2013/34, note G. Clamour). C'est ainsi que, « *en se fondant, pour faire droit à la requête de l'EURL Photo Josse, sur ce que la décision du maire de Tours avait opposé un refus pur et simple à la demande de l'entreprise sans examiner avec elle la possibilité d'exercer son activité dans des conditions compatibles avec les nécessités de la gestion du musée municipal et du respect de l'intégrité des œuvres, alors que des autorisations de photographier des œuvres de ce musée avaient auparavant, et à plusieurs reprises, été délivrées à des photographes professionnels dans le cadre de conventions particulières fixant les conditions des prises de vues et de leur utilisation, pour juger que le maire de la commune avait méconnu le principe de la liberté du commerce et de l'industrie, la cour a commis une erreur de droit* » (*Ibid.*).

Au cantonnement symptomatique d'un principe de la liberté du commerce et de l'industrie ayant été en vain revigoré ces dernières années par des décisions progressistes de certains tribunaux et cours, s'ajoute, toujours avec ces arrêts *RATP* et *Commune de Tours*, une attitude négligente vis-à-vis du droit de la concurrence.

Alors que la jurisprudence *Société Eda* soulevait l'importante hypothèse d'une méconnaissance du droit de la concurrence par l'autorité administrative elle-même, les arrêts de 2012 se bornent à indiquer que les décisions d'octroi ou de refus des autorisation d'occupation domaniale ne peuvent avoir « *pour effet de méconnaître le droit de la concurrence, notamment en plaçant automatiquement l'occupant en situation d'abuser d'une position dominante, contrairement aux dispositions de l'article L. 420-2 du code de commerce* ». Bref, ils s'affichent en n'évoquant que « l'opposabilité » du droit de la concurrence aux actes administratifs. Plus encore, ils le font en utilisant la logique de « l'abus automatique de position dominante », certes parlante mais bien trop restrictive par rapport à l'ampleur contemporaine de la jurisprudence qui l'a d'ailleurs largement reléguée au profit de l'exigence, pour les actes administratifs, de ne pas avoir pour effet d'empêcher, de restreindre ou de fausser le jeu de la concurrence sur un marché (*cf.* not. CE, sect., 30 avr. 2003, *Syndicat professionnel des exploitants indépendants des réseaux d'eau et d'assainissement*, préc. - CE, sect., 10 mars 2006, *Commune d'Houlgate*, préc.).

Comment comprendre un tel retour à des formules déjà datées ainsi que le voile ainsi négligemment jeté sur l'application du droit de la concurrence aux actes administratifs, le tout dans un contexte de limitation de la portée de la liberté du commerce et de l'industrie et d'expansion de la concurrence publique ? Parmi les différentes interprétations possibles, celle d'un reflux engagé à dessein nous semble tenir la corde. Après quelques années passées à montrer toute sa considération pour les préoccupations concurrentielles, à démontrer toute sa fine compression des notions et enjeux économiques, la Haute juridiction administrative se sentirait-elle désormais légitime à reprendre un positionnement plus classique ne laissant surnager que la puissance publique… ?

Intercommunalité, mutualisation et contrats

Catherine Ribot,
Professeure de droit public
Université Montpellier 1
Membre du CREAM (EA 2038)

L'utilisation de la technique de contractualisation s'est développée, depuis 2-3 décennies, dans tous les domaines de l'administration publique locale en France : en matière d'aménagement et d'urbanisme, de développement économique, d'action culturelle ou sociale, de protection de l'environnement... Alors, le contrat s'est progressivement imposé comme l'antagonisme des solutions institutionnelles trop souvent recherchées ou privilégiées : création d'un établissement public de coopération, mise en place d'associations pour établir des partenariats, développement de sociétés d'économie mixte locales...

A la fin du XXème siècle le contrat était volontiers opposé à l'institution. Les vertus de l'un se déduisaient des faiblesses de l'autre : à la sécurité institutionnelle, il fallait objecter la souplesse conventionnelle, par exemple. Mais le temps de l'action n'était pas le même puisque, souvent, la négociation puis la passation d'un contrat préparait en réalité le futur processus d'institutionnalisation. Le premier se présentait comme la phase préalable de la seconde, la préparation indispensable gage de réussite. Il

faut toutefois reconnaître qu'il était devenu habituel de présenter les deux formes de coopération entre personnes publiques sur les territoires comme procédant de logiques sinon divergentes, du moins bien différentes. Alors, la création de l'EPCI était présentée comme une réaction TSC : « tout sauf le contrat » variant selon l'échelle d'intégration de la structure, selon l'importance des compétences concernées, l'existence d'une identité territoriale, l'ancienneté des habitudes historiques…
En 2012, c'est une autre réalité qui éclaire la coexistence ou la succession de l'emploi de ces deux techniques d'action administrative par les collectivités territoriales. Le surcoût pour les finances publiques généré par l'existence d'établissements intercommunaux parfois « coquilles vides », souvent « enveloppes superposées » est volontiers dénoncé. La mosaïque intercommunale n'a pas toujours de légitimité évidente et l'opinion publique doute avant d'identifier quelle personne publique assume la responsabilité de quel service public local.
Pour l'observateur juriste aujourd'hui, les problématiques ont évolué. Dans les années 90, l'emploi du mot « mutualisation » était réservé à la coopération intercommunale établie par les syndicats de communes en application de la loi de 1890 pour réaliser des économies permettant la création de nouveaux services publics, la construction des réseaux de distribution d'eau, de transports, d'électrification rurale, la mise en place de nouveaux équipements… Depuis le début des années 2000, la mutualisation désigne une nouvelle forme de mise en commun de services entre certaines communautés et leur ville centre, sur le modèle de ce que la Communauté de Strasbourg a déjà fait depuis trois décennies. Le mot est le même, la logique est radicalement différente. La Cour de justice des communautés européennes ne s'y est pas trompée en éclairant les pratiques développées par les

administrateurs territoriaux à la lumière du droit de la concurrence dans la passation des contrats entre personnes publiques.

Alors, il est nécessaire de ne pas oublier que le régime juridique des contrats de coopération entre personnes publiques, a fortiori entre communes ou entre communes et structures intercommunales, reste soumis à un encadrement législatif et jurisprudentiel établi (I). Cette certitude rappelée régulièrement n'entrave pas la généralisation de la contractualisation intercommunale (II)[28].

I : L'encadrement législatif et jurisprudentiel des contrats de coopération

La technique contractuelle utilisée pour encadrer l'action publique locale n'est ni une nouveauté[29], ni une spécificité du droit intercommunal[30]. « L'instrument conventionnel est d'une grande plasticité, brandie pour une adaptation à tous les cas susceptibles de se présenter. Il faut alors reconnaître que l'atout si souvent opposé de la souplesse conventionnelle ne réside pas tant dans l'interprétation et

[28] L'exercice méthodologique du cours dispensé dans le cadre d'une université d'été est particulier. Il s'agit, durant une séance de 3 heures, non seulement de tenter de délivrer un enseignement magistral mais, surtout, de préciser le cadre d'une problématique susceptible de générer chez les personnes présentes un travail individuel comme collectif d'analyse, d'étude et de réflexion. Je me suis efforcée de restituer honnêtement à l'écrit ce petit défi pédagogique qui ne se traduit donc pas véritablement la production orale d'une communication, à l'image de ce qui est demandé aux intervenants d'un colloque.

[29] J.-P. Colson (dir.), G. Durand et P. Ndiaye, C. Ribot, « *Droit public économique, corrigés d'examen* », L.G.D.J. 1996.

[30] C. Ribot : « *La mutualisation des compétences entre communes et communautés* », Revue Lamy des Collectivités territoriales, mars 2008, p. 51-56.

l'application du contrat après sa signature. C'est l'invocation préalablement à la mise en place nationale du dispositif qui dote l'outil conventionnel d'un véritable pouvoir d'occultation juridique »[31].

La décision de justice qui aujourd'hui marque le début de toute analyse en droit public sur les contrats entre personnes publiques est bien l'arrêt du Conseil d'Etat dit « du Synchrotron » de 1988[32]. Le juge avait non seulement rappelé la qualification législative de « véritables » contrats mais étayé la position parfois bien inconfortable du tiers à la convention demandant l'annulation de l'acte détachable sur le fondement d'un texte contractuel ne faisant pas partie du bloc de légalité.

Les relations entre l'instrument contractuel et l'institution de coopération, sans être ambigües, obéissent à des logiques différentes selon les réalités locales mais aussi selon les objectifs poursuivis par les acteurs. La souplesse contractuelle permet d'apprivoiser des partenaires réticents pour les conduire soit à la table des négociations, soit autour de la conception de projets futurs. La signature d'une convention annonce alors, en cas de réussite, la création ultérieure d'une structure. Les juristes n'ont là qu'un rôle de vérificateur in fine pour veiller à ce que le contrat ne contienne aucune disposition embarrassante, potentiellement contraignante. La réussite du processus sera précisément l'abandon du contrat pour la mise en place d'un dispositif plus approfondi.

Parfois, la coopération, sans être provisoire, a un enjeu si réduit qu'elle ne sera « **que** » contractuelle. C'est le cas pour les ententes intercommunales. Il faut traiter de manière particulière le cas du GIP. Le GIP est bien le

---

[31] C. Ribot : « *Les transferts de compétences en matière aéroportuaire* », RFDA 2009, n° 5-6.

[32] CE, 8 janvier 1988, « Communauté urbaine de Strasbourg », req. n° 74361.

cadre institutionnel de réalisation d'une coopération entre communes, sur une base contractuelle. Il faut toutefois admettre que la logique institutionnelle poursuivie par ses fondateurs s'impose et il n'est pas possible, à mon sens, d'en faire le représentant idoine de la réussite de la démarche contractuelle.

Il est aussi possible que le contrat soit utilisé pour accompagner la gestion réalisée par l'établissement public de coopération intercommunale. Alors, l'institution utilise le contrat comme une technique d'administration publique pour la gestion de ses compétences. Il sera alors possible de s'interroger, de manière finalement très convenue, sur la nature juridique de ce contrat, sur la réelle justification du dualisme juridictionnel en matière de droit des contrats...[33]

Tout aurait donc été presque parfait dans le meilleur des mondes conventionnel législativement établi[34]. Analyser les relations entre intercommunalité et contrats reviendraient à décrire les rouages d'une succession ou d'une utilisation combinée de deux techniques juridiques différentes pour encadrer des initiatives de coopération entre communes. L'histoire de l'intercommunalité aura pû se terminer sur ce point d'orgue aux harmonies variables : comment tour à tour l'institution s'efface devant le contrat, avant que celui ne soit à son tour éclipsé par la vitalité structurelle. C'était sans compter la dynamique institutionnelle de l'Intercommunalité qui, alors que l'on attend un acte III de la décentralisation, est de nature à déstabiliser l'architecture organisationnelle de l'administration territoriale.

[33] C. Ribot : « *Dualisme juridictionnel et droit des contrats. L'indolence du caméléon* », « Dualisme juridictionnel, limites et mérites », Dalloz coll. Thèmes et commentaires 2007, p.129-148.

[34] C. Ribot : « *Les transferts de compétences en matière aéroportuaire* », RFDA 2009, n°5-6.

II : La généralisation des pratiques de contractualisation entre collectivités et EPCI

Les bilans lancés à l'occasion de l'adoption de l'acte II de la décentralisation puis réalisé ensuite ont tous permis de dénoncé un émiettement intercommunal d'autant moins admissible qu'il s'était construit comme une réaction affichée à l'éparpillement communal. Cette mosaïque d'EPCI a volontiers été présentée sinon comme le signe d'une faillite des pratiques de nos représentants locaux, du moins, comme l'expression d'une complexité inadaptée. La loi du 16 décembre 2010, a permis le développement d'analyses, de discours nombreux sur la rationalisation de la carte intercommunale[35], puis sur la simplification de l'organisation administrative territoriale dans le but d'offrir aux citoyens une vision plus cohérente de l'action publique locale.

Il faut alors noter le rôle essentiel joué par une catégorie d'acteurs qui ne s'était pas réellement manifestée en tant que telle durant les décennies précédentes : les attachés ou administrateurs territoriaux. Les élus étaient embarrassés dans leurs querelles dites de clocher, parfois difficilement capable de faire prévaloir un intérêt public communautaire sur les intérêts public communaux[36]. Les citoyens restaient passivement stupéfaits par les conséquences financières de la gestion de ce « mille-feuilles » territorial. Les universitaires constataient, glosaient et critiquaient. Une réponse a été conçue, expliquée et appliquée par les agents qui conduisaient les politiques publiques, qui animaient

---

[35] C. Ribot : « *La rationalisation de la carte intercommunale* », intervention au colloque du 28 janvier 2011 « L'intercommunalité après la loi du 16 décembre 2010 », Faculté de droit de Montpellier.

[36] J. Frêche : « *La détermination de l'intérêt communautaire, La mise en place d'une méthode d'aménagement du territoire local* », thèse de doctorat soutenue à Montpellier le 13 juillet 2010.

ces montages contractuels complexes, qui tentaient de répondre aux besoins des administrés. Fidèle à son rôle de poisson-pilote, la Communauté urbaine de Strasbourg l'avait expérimentée sans coup férir, dans l'indifférence nationale depuis... le début des années 70. Le restant du territoire métropolitain va la découvrir à la fin des années 90, et début des années 2000. Il faudra attendre 2007-2008 pour que les premiers articles dans les revues juridiques académiques la signalent[37] : la mutualisation des biens et services entre communauté et ville-centre[38].
Le contrat est l'instrument de la mutualisation, qu'elle soit ascendante ou descendante. La mise à disposition de biens et services entre une commune et une communauté doit être prévue par un texte spécifique. Il ne s'agit pas que de préciser le cadre. Il est indispensable de décliner l'ensemble des droits et obligations des parties au processus de mutualisation pour ce qui concernera par exemple le régime des biens et services mais aussi la situation des agents, les modalités financières, les conditions d'assurance... Le traitement réservé aux agents a souvent été l'occasion de conflits salariaux car les comparaisons entre versements de primes et bonification indiciaires, entre régimes de congés ont été parfois bien plus difficiles à résoudre que les questions concernant

[37] Dreyfus J.-D. : « *Mutualisation des services et mise en concurrence, autour des notions de bonne organisation des services et de prestation hors marché* », AJDA 2007, p.1865 ; C Ribot : « *La mutualisation des compétences entre communes et communautés* », Revue Lamy des Collectivités territoriales, mars 2008, p. 51-56. Depuis, voir notamment, F. Boulay, *Vers une généralisation de la mutualisation des services entre collectivités locales*, AJDA 2012, p. 468 ; Ph. Neveu, *Contractualisation et mutualisation, outils de l'intercommunalité*, JCP A, 2010, p.29.

[38] Ch. Charmasson : « *La mutualisation des moyens entre collectivités territoriales* », thèse de doctorat soutenue le 14 janvier 2012 à l'Université Montpellier I.

l'identité du détenteur et les modalités d'exercice du pouvoir hiérarchique. Le législateur prévoit donc qu'une convention conclue entre l'établissement public de coopération intercommunale et chaque commune intéressée fixe les modalités de cette mutualisation, après consultation des comités techniques compétents. Cette convention prévoit notamment les conditions de remboursement par la commune ou l'établissement public bénéficiaire de la mise à disposition des frais de fonctionnement du service[39]. Les spécialistes de droit des contrats publics vont alors largement travailler sur la jurisprudence de la CJCE tendant à imposer aux personnes publiques des obligations de mise en concurrence pour le choix du cocontractant et l'exception du contrat dit « in house »[40].

Cela étant, depuis la loi du 16 décembre 2010, le contrat est devenu plus qu'un instrument permettant de finaliser une forme institutionnelle de coopération intercommunale, un mode de quasi-transfert de compétences. Il faut reconnaître là un certain embarras terminologique. Il n'est pas possible de se situer dans le cadre des débats juridiques concernant le mode de gestion de compétences : il n'est pas question de gestion directe ou indirecte, de délégation ou de régie. Il ne peut non plus être juridiquement parfait de parler de transfert de compétences au sens ou la personne publique qui décide de confier la compétence qui lui a été législativement attribuée ne s'en dessaisie pas complètement.

[39] Loi n° 2010-1563 du 16 décembre 2010 de réforme des collectivités territoriales, article 65.

[40] Voir notamment : CJCE, 18 nov. 1999, aff. n°C-107/98, Teckal Srlc/Commune di Viano, CJCE, 13 nov. 2008, aff. n°C-324/07, Coditel Brabant SPRL /Cne d'Uccle et Région de Bruxelles-Capitale puis CJCE, 9 juin 2009, aff. n°C-480/06, Comm. CE/République fédérale d'Allemagne.

L'article L.5210-4 du code général des collectivités territoriales prévoit qu'un établissement public de coopération intercommunale peut demander à exercer, au nom et pour le compte du département ou de la région, tout ou partie des compétences dévolues à l'une ou l'autre de ces collectivités. L'exercice par l'établissement public de coopération intercommunale d'une telle compétence fait l'objet d'une convention conclue entre l'établissement et le département ou la région, qui détermine l'étendue de la délégation, sa durée ainsi que ses conditions financières et ses modalités d'exécution. Cette convention précise les conditions de partage des responsabilités encourues. La loi du 16 décembre 2010 offre aux métropoles créées la possibilité d'assumer des compétences qui lui seraient confiées par le département ou la région, dans un cadre conventionnel. Cette réorganisation contractuelle de la gestion des compétences publiques emprunte aussi le cadre de la planification avec l'élaboration des schémas de mutualisation de compétences[41].

Désormais, à l'heure où se préparent les textes préfigurant cet acte III de la décentralisation les liens entre intercommunalité, mutualisation et contrats sont entremêlés sans qu'il soit toujours possible, ou utile, de trouver une linéarité dans leurs relations. Le contrat n'est plus seulement une technique de gestion dans le cadre de compétences exercées par une collectivité, ses caractéristiques étant alors volontiers confrontées à celle de l'institution dont il tendait à être présenté comme une alternative.
Il s'est progressivement imposé comme le moyen pour une structure intercommunale d'exercer une compétence départementale ou régionale qui, en l'état actuel de la répartition législative des compétences, ne peut lui être

[41] Article 75 de cette loi par exemple.

transférée. La technique dite du « chef de filat », introduite par la révision constitutionnelle de mars 2003 après la censure du Conseil constitutionnel de 1995, permettra aux communautés d'agglomération, communautés urbaines ou métropoles d'utiliser les contrats pour étendre, bien au-delà des mécanismes de mutualisation une forme de leadership en matière d'action locale.

L'utilisation qui en sera faite par ces établissements publics, dans les prochaines années, garantira ou fragilisera la légitimité de leur existence même aux yeux des administrés-citoyens.

Le contrat et l'administration locale en Espagne

Joaquín Tornos Mas
Professeur de droit administratif. Université de Barcelone.

I. Introduction.

Ce travail vise à rendre compte des diverses modalités de formules contractuelles que l'administration locale en Espagne peut utiliser pour mener à bien l'exercice de ses compétences. Les formules contractuelles peuvent se référer à des accords volontaires pour créer de nouvelles entités supra-municipales. De cette façon, il s'agit de donner réponse aux problèmes posés par les petites municipalités comme entités inefficaces pour fournir la plupart des services confiés à des organismes municipaux.

Le contrat peut également apparaître comme un instrument par lequel il s'agit d'utiliser une structure locale par une autre entité locale pour la prestation de services de sa propre compétence, sans créer une nouvelle figure organisationnelle.

Enfin, nous allons également faire référence aux cas dans lesquels l'administration vient au contrat ou à l'accord pour la prestation de certains services ou pour l'exercice de ses propres compétences. Dans cette dernière section nous nous référons aux contrats de gestion des services publics et des accords de planification.

Toutes ces considérations seront prises en tenant compte de la réalité de la carte locale et de l'actuel cadre réglementaire espagnol. Finalement on consacrera une section pour exposer le processus actuel de réforme du gouvernement local en Espagne. Ce processus est encore dans sa première phase (à ce moment nous ne pouvons que présenter un avant- projet de loi intitulé « pour la rationalisation et la durabilité de l'administration locale », en date du 10 Janvier, 2013), mais nous pensons qu'il est nécessaire de se référer à son contenu dans la mesure où il s'agit de réordonner la distribution de compétences des entités municipales et de limiter leurs facultés de création d'entités « volontaires » pour la gestion en commun de leurs propres compétences, en favorisant au contraire les niveaux intermédiaires de l'administration locale. Par conséquent, la réforme aura une incidence très importante sur la première des formes de contractualisation entre les entités locales auxquelles nous nous référons dans le présent document.

Avant de développer les différentes axes de notre travail, nous allons donner quelques informations sur la réalité de notre gouvernement local et le cadre réglementaire dans lequel il opère.

A. La carte locale en Espagne

Espagne : 47.150.819 habitants (2011)
8114 Municipalités +50% -10.000 Habitants

Catalogne : 947 Municipalités

Jusqu'à	500 habitants : 328
	501/2.000 : 269
	2001/5.000 : 141
	5001/10.000 88
	10.001/50.000 98
	+ 50.000 23

4 Provinces
41 Comarques
77 Mancommunautés
301 Consortiums
1 Aire Métropolitaine

B. Le cadre normatif

La Constitution espagnole consacre différents développements au régime local. L'article 137 dispose que « l'État s'organise territorialement en municipalités, provinces et communautés autonomes qui se constituent. Toutes ces entités sont autonomes dans la gestion de leurs intérêts respectifs. » L'article 140 garantit l'autonomie des municipalités, qui jouissent de la pleine personnalité juridique. Le même article garantit l'autonomie des municipalités, lesquelles auront une personnalité juridique propre. Le gouvernement de ces mêmes mairies est composé de maires et des conseillers. Les conseillers seront élus par les résidents de la municipalité au suffrage universel, égal, libre, direct et secret, selon les modalités prévues par la loi. Les maires seront élus par les conseillers ou par des voisins.

L'article 141 se réfère aux entités locales intermédiaires. Il garantit l'existence de la province comme entité locale formée par le groupement de communes, à son tour, étant la division territoriale pour mener à bien l'accomplissement des activités de l'État (dans ce cas, la province est l'administration périphérique de l'État et non pas une entité locale). Il ajoute que la province, une entité gouvernementale locale, sera régie par le Conseil ou autre Corporation représentative.il est également prévu que pourront se créer d'autres groupements de municipalités au sein de la province, mais ces derniers ne bénéficient pas de la garantie constitutionnelle. Dans le cas des archipels (les îles Canaries et les îles Baléares), les îles auront leur propre administration en forme de « Cabildos » ou conseils.

Enfin, ce même article 142 énonce que les finances locales doivent disposer de ressources suffisantes pour mener à bien les fonctions que les lois attribueront aux différents niveaux de l'administration locale.

La Cour constitutionnelle a défini le champ d'application de ces règles et a déclaré que « l'autonomie se réfère à la répartition territoriale du pouvoir de l'Etat dans le sens le plus large du terme et doit être entendue comme un droit de la communauté locale à participer par ses propres organes dans le gouvernement et l'administration des affaires qui lui soient propres étant dans tous les cas un pouvoir limité qui ne peut pas s'opposer au principe d'unité de l'Etat « (STC 27/1987 du Février 27, FJ 2 et aussi SSTC 4/1981 du 2 février et 32/1981 du 28 Juillet).

La portée de l'autonomie locale est précisée par le législateur, mais pour la défense de cette autonomie, il a été reconnu aux entités locales un recours spécifique pour la défense de leur autonomie devant la Cour constitutionnelle (article 75 bis introduit par la loi organique 7/1999 du 21 Avril au texte de la Loi organique de la Cour constitutionnelle). Grâce à cette action, les entités locales peuvent s'opposer au contenu des lois qui violent l'autonomie qui leur est accordée par la Constitution.

La compétence, en matière de régime local, est partagée entre l'Etat, auquel correspond la législation basique, et les Communautés autonomes, auxquelles correspond la législation de développement en fonction de comment elles auraient assumé cette compétence dans leurs respectifs statuts d'autonomie. L'Etat a fixé les bases du régime local dans la loi 7/1985 du 2 Avril et le Décret Royal Législatif 781/1986, du 18 Avril.

Les communautés autonomes ont assumé la compétence du développement des lois dans ce domaine. Les derniers statuts d'autonomie, approuvés après 2006, et notamment le statut de la Catalogne, ont cherché à augmenter les compétences autonomiques dans ce domaine, en distinguant à cette fin la matière « régime local » de la matière « organisation territoriale ». Il indique que la matière « régime local » est partagée, tandis que la matière organisation territoriale permet une plus grande autonomie, de sorte que la structure locale interne appartient à chaque communauté autonome, avec la seule limite de devoir respecter l'existence de la province comme entité locale intermédiaire garanti par la Constitution. En outre, il ajoute également que l'administration locale fait partie de la propre communauté autonome (articles 2.3, 151 et 156 du statut d'autonomie de la Catalogne de 2006). Dans l'exercice de cette compétence les communautés autonomes ont adopté leurs propres lois de régime local.

Enfin, nous ne pouvons pas oublier la nécessaire application de la Charte européenne de l'Administration locale du 15 Octobre 1985 ratifiée par l'Espagne le 20 Janvier 1988.

II. Les formules classiques de coopération intercommunale

En Espagne, l'organisation territoriale locale est composée d'une pluralité d'entités. L'unité de base est la municipalité, qui, dont le nombre, comme on l'a déjà noté, s'élève à environ 8114 dans toute l'Espagne, étant la plupart d'entre elles de faible densité de population. En collaboration avec les municipalités existent obligatoirement les provinces, comme organismes supra municipaux dont le but principal est d'aider les petites municipalités. Dans certaines communautés autonomes ont étés créés d'autres organismes intermédiaires, les comtés, qui remplissent également la fonction de support principalement à une petite municipalité. Il y a aussi des aires métropolitaines.

Cette diversité d'entités s'est avérée dysfonctionnelle et les critiques du système ont augmenté dans la période actuelle de crise économique. Mais jusqu'à présent, il n'a pas été possible de procéder à une réforme en profondeur de la carte locale, compte tenu de la difficulté politique de procéder à la suppression des entités municipales. En outre, les compétences aujourd'hui autonomiques dans ce domaine rendent cette tâche réformatrice encore plus complexe.

En conséquence de cela, on a toujours essayé de résoudre les problèmes de la structure municipale par la voie conventionnelle, en encourageant la coopération intercommunale, et en évitant des réformes traumatisantes de suppression des niveaux de l'administration locale.

La coopération entre les entités locales est fondée sur le principe général de la collaboration inter-administrative prévue à l'article 4.5 de la Loi 30/1992, loi de régime juridique et procédure administrative commune des administrations publiques. Cette disposition stipule que « *Dans les relations entre l'administration générale de l'État et l'administration des communautés autonomes* -ce qui peut être transposé aux relations entre entités locales-, *le contenu de l'obligation de coopération sera développé à travers les instruments et les procédures que de manière commune et volontaire les administrations établiront.*

Lorsque ces relations, dans le cadre du principe de coopération, ont pour but la prise de décisions conjointes qui permettent, sur des questions qui affectent des compétences partagées ou exigent d'articuler une activité commune entre les deux administrations, une activité plus efficace de celle-ci, doivent être conformes aux instruments et procédures de coopération visées aux articles suivants. » Parmi les instruments de coopération, il faut remarquer les conventions comme un moyen d'instaurer une coopération volontaire.

Les formes de coopération ne sont pas limitées et peuvent adopter des solutions différentes. L'article 26.1 de la Loi de base de régime local, 7/1985, reconnaît aux municipalités le principe de la liberté d'association, ce qui favorise la recherche de solutions fonctionnelles ou organisationnelles.

Les mécanismes de coopération sont généralement classés en deux groupes. Ceux de nature fonctionnelle, qui n'impliquent pas la création d'une structure administrative pour leur développement, et ceux de nature organique, qui supposent la création d'une nouvelle figure organisationnelle qui peut ou ne peut pas avoir personnalité juridique[42].

A. Instruments non organiques, ententes intercommunales et « commanderies de gestion »

a. Les ententes intercommunales

Les accords intercommunaux sont des affaires juridiques bilatérales ou multilatérales que réalisent entre elles des entités municipales, situées en position d'égalité ayant pour but d'ordonner l'exercice de leurs compétences respectives et obtenir une plus grande efficacité et efficience de leurs activités[43]. Le régime général de ces accords est énoncé aux articles 6 et 8 de la loi 30/1992. L'article 6 stipule que « *Les instruments de formalisation des accords doivent préciser, le cas échéant : a. Les organes qui tiennent l'entente et la capacité juridique avec laquelle agit chacune des parties ; b. La compétence exercée par chaque administration, c. Son financement d. Les actions qui sont convenues pour son exécution e. La nécessité ou non de mettre en place une organisation pour sa gestion, f. La vigueur de l'entente, ce qui n'empêchera pas sa prorogation si elle est acceptée par les parties de l'entente ; g. L'extinction pour des raisons autres que celles prévues à l'alinéa précédent, et la façon de mettre fin à la procédure en cours dans le cas de l'extinction.* »

---

[42] Nous trouvons cette classification récemment dans le travail de ALMEIDA CERREDA. M., La cooperación entre municipios: una posible alternativa a la reordenación del pacto local, Istituzuione del federalismo, 2012, 3, p. 599 et s. Ces développements s'inspirent du plan de cet auteur.

[43] Vid. À ce sujet RODRIGUEZ DE SANTIAGO, JM. . Los convenios entre administraciones públicas, Marcial Pons, Madrid 1997

Ces accords ne sont pas soumis à la loi générale en matière de contrats dans le secteur public, mais au Décret Royal Législatif 3/2011 du 14 Novembre, étant entendu que le but n'est pas de faire de ces accords des contrats régis par la loi. L'article 4.1.c du RDL 3/2011 exclut expressément de tels accords de son champ d'application. La disposition citée stipule que « *les ententes de collaboration conclues par l'administration générale de l'État avec les entités de gestion et services communs de la Sécurité Sociale, les universités publiques, les communautés autonomes, les entités locales, organismes autonomes et autres entités publiques, ou ceux qui se tiennent par ces organismes et entités entre eux, sauf que, par leur nature, soient considérés comme des contrats sujets à la présente Loi* ». Selon le deuxième alinéa de ce même article, « *les contrats, affaires et les relations juridiques énumérés dans la section précédente seront régis par des règles particulières, en appliquant les principes de la présente Loi pour résoudre les doutes et les lacunes qui pourraient se produire.* »

Dans la pratique, la plupart des conventions intercommunales sont destinés à l'approvisionnement d'eau aux villes, le ramassage de déchets, l'entretien des voies publiques, les transports publics ou la gestion d'installations sportives.

Une autre question différente est posée par la relation entre une entité locale et une entité instrumentale propre créé pour la prestation de services de propriété municipale. Dans ce cas, il n'est pas d'application la loi des contrats, étant entendu qu'il n'existe pas en fait une relation contractuelle, mais une relation d'organisation interne. La création d'une société mercantile pour la fourniture d'un service propre ne donne pas lieu à une relation contractuelle entre le propriétaire de l'organisation du service et son entité instrumentale. Nous sommes face à une relation « in house providing », également exclue de la normative de contrats. Ce fait est reconnu par le RDL 3/2011 dans les articles 4,1-n et 26,4. Ce dernier article prévoit que « *Aux effets prévus dans le présent article et de l'article 4.1.n), les autorités, organismes et entités du secteur public pourront être considérés comme des moyens propres et services techniques de ces autorités adjudicatrices pour lesquels ils réalisent l'essentiel de leur activité quand ceux-là portent sur les mêmes un contrôle analogue à celui qu'ils puissent exercer sur leurs propres services. Dans le cas des sociétés, en plus, la totalité du capital devra être de titularité publique.* »

Un problème complexe est celui lié à l'utilisation d'entités instrumentales d'une entité locale par une autre autorité locale pour la fourniture de ses services. Autrement dit, la contractualisation par une municipalité de la société municipale d'un autre pour fournir un service propre, par exemple l'approvisionnement d'eau. Dans de tels cas, s'oppose à cette relation la législation des contrats, qu'exige un appel d'offres public pour conclure un contrat avec cette société de l'autorité locale. Les principes de publicité et de concurrence empêcheront un simple accord entre les autorités locales. Néanmoins, la situation change s'il y a un consortium. Dans ce cas, les entités du consortium peuvent utiliser la société d'une autre entité du même consortium, car on considérera qu'on est devant un moyen propre.

b. La « commanderie de gestion »

Dans ce cas, l'entité municipale transfère à un autre l'exercice d'une compétence exclusivement sur les aspects factuels, c'est-à-dire, pour la réalisation d'activités de caractère matériel, technique ou de services. Lorsque la municipalité n'a pas les moyens nécessaires pour s'acquitter de ses compétences, il peut être utile de demander l'aide d'une autre entité locale[44].

Ce moyen de collaboration a été très peu utilisé dans les relations entre les autorités locales. Son régime juridique est établi dans l'article 15 de la loi 30/1992.

B. Instruments organiques

a. Les instruments sans personnalité juridique : communautés de communes

Une première façon de collaboration organique est celle qui vise de regrouper plusieurs communes dans une structure organisationnelle commune, mais dépourvue de personnalité juridique propre et distincte de celle des municipalités qui en font partie. Ce chiffre à présent n'est retrouvé que dans la législation locale de la Catalogne, plus précisément aux articles 123 et suivants de son Décret législatif 2/2003 du 28 Avril. L'article 123 énonce que « 1. *Les municipalités, pour gérer et exécuter des tâches et des fonctions courantes peuvent s'associer à d'autres municipalités et de créer une communauté de communes, qui peuvent avoir un caractère temporel ou bien indéfini.2 Les communautés de communes n'ont pas de personnalité juridique propre. Toutefois, les accords qui s'adoptent lient toutes les municipalités regroupées et sont opposables face à des tiers, comme si elles étaient*

[44] Vid. Aur respect VILALTA REIXACH, M. La encomienda de gestión, Civitas, Madrid 2012.

adoptées par tous et chacune des municipalités qui composent la communauté. 3 Les communautés de communes sont régies par les dispositions de cette loi, par leurs accords respectifs et, en outre, par les réglementations de régime local. »

La caractéristique essentielle de ces structures, leur manque de personnalité, facilite leur création et leur fonctionnement. Les communautés se forment sur la base d'un accord soussigné entre communes associées et qui constitue la règle de base de son fonctionnement. En tout cas, il doit y avoir un conseil (qui comprend des représentants des municipalités) et un président nommé par le conseil parmi les maires des communes de la communauté.

Afin de renforcer leur création on leur donne des avantages fiscaux et on établit par loi que les accords conclus sont contraignants pour toutes les municipalités membres et ont de l'efficacité vis-à-vis de tiers.

b. Les instruments dotés de la personnalité juridique : associations, consortiums et sociétés intercommunales

b.1. Les « mancommunautés »

Les mancommunautés sont des entités locales dotées de personnalité juridique propre formées par l'association volontaire d'entités municipales pour fournir des services propres, généralement ceux de ramassage et traitement de déchets, approvisionnement en eau, l'électricité, le transport scolaire, la protection de l'environnement, la promotion de l'occupation, le tourisme, la gestion fiscale[45]. Aujourd'hui, il y a une estimation de 1023 mancommunautés en Espagne.

Le cadre réglementaire général des Mancommunautés se trouve dans la loi de bases du Régime local 7/1985. L'article 44 stipule que « 1.*Il est reconnu aux municipalités le droit de s'associer avec d'autres mancommunautés pour l'exécution en commun de certains travaux et services relevant de sa compétence. 2. Les mancommunautés ont une personnalité et capacité juridique pour l'accomplissement de leurs objectifs spécifiques et sont régies par leurs propres statuts. Les statuts doivent réglementer le champ d'application territorial de l'entité, son but et sa compétence, les organes de la gouvernance et des ressources, durée et tous les autres extrêmes qui sont nécessaires à son fonctionnement. Dans tous les cas, les organes de gouvernement des municipalités seront représentatifs des mairies « mancommunées ». 3. La procédure d'approbation des statuts des associations sera déterminée par la législation des communautés autonomes et ajustée, le cas échéant, aux règles suivantes :*

- L'élaboration correspondra aux conseillers municipaux de toutes les municipalités promotrices de la Mancommunauté, constituée en assemblée.

- Le conseil de comté ou conseils provinciaux concernés émettront le rapport sur le projet de statuts.

- L'assemblée plénière de toutes les mairies approuveront les statuts.

4. Il suivra une procédure similaire pour la modification ou la suppression de mancomunnautés. 5. Pourront s'intégrer dans la même mancommunauté, des communes

[45] Vid. QUINTANA LÓPEZ, T. Las mancomunidades en nuestro derecho local, INAP, Madrid 1990.

qui appartiennent aux différentes communautés autonomes, à condition que cela soit permis par les règlementations des communautés autonomes affectées. »

La création des mancommunautés dépend du libre exercice du droit d'association municipale et entrera en vigueur avec l'approbation du statut conformément à la législation autonomique. En ce qui concerne aux compétences acceptables, il est interdit que la mancommunauté assume toutes les compétences municipales, et ne peuvent pas être mises en commun des services de police municipaux. Il n'est pas permis non plus la création d'associations de municipalités qui intègrent différentes communautés autonomes.

En ce qui concerne les pouvoirs que peuvent exercer les Mancommunautés la loi leurs reconnaît avec un caractère général celles d'exproprier et de sanctionner. La loi vise également à promouvoir sa création avec des aides économiques à travers des fonds de coopération locaux et des plans d'investissement locaux.

b.2. Les consortiums

Le consortium suppose aussi la création d'une nouvelle entité locale, formée dans ce cas par l'association volontaire d'entités territoriales de nature différente (municipalités, comtés, provinces, communautés autonomes, ...) et entités sans but lucratif (chambres de commerce, fondations ...)[46]. Le consortium sera entité locale si les entités de ce genre sont majoritaires, mais

---

[46] Vid. REBOLLO PUIG, M. Los consorcios entre entes locales como forma de cooperación, Annuaire de Gouvernement Local, 1997, p. 203 et s.

deviendra une entité autonome, ou de l'État, si la présence de ces entités territoriales supérieuers est majoritaire. Par conséquent, ne s'appliquent que les règlements locaux si les entités territoriales locales sont majoritaires.

L'article 87 de la loi 7/1985 prévoit que « 1. Les entités locales peuvent former des consortiums avec d'autres administrations publiques pour des fins d'intérêts communs ou avec des entités privées à but non lucratif qui poursuivent l'intérêt public, en même temps qu'avec ceux des Administrations publiques. 2 Les consortiums peuvent être utilisés pour la gestion des services publics locaux, dans le cadre d'accords de coopération transfrontalière impliquant les entités locales espagnoles, et en conformité avec les dispositions des conventions internationales ratifiées par l'Espagne sur le sujet. »

Aussi, dans ce cas la réglementation de l'organisation et le régime juridique de fonctionnement sont établis dans les statuts par lesquels les parties de la nouvelle entité décident d'agir ensemble. Cela facilite la création de ce type d'entités car les statuts peuvent être facilement adaptés à la réalité de chaque entité (consortium) créée[47]. En outre, les consortiums peuvent à leur tour créer des organismes instrumentaux pour la fourniture de services communs. Le personnel du consortium peut être lui-même propre ou attaché auprès des entités qui font partie de celui-ci.

---

[47] Comme entités consortiales singulières, il faut se référer aux consortiums transfrontaliers et Consortiums crées par la loi spéciale de Barcelone. Dans ce second cas, il s'agit d'entités qui regroupent la mairie de Barcelone et la Generalitat de Catalogne pour la prestation de services municipaux propres d'une grande mairie. Voir en ce sens, Lloi 22/1998 de 30 de décembre, de la Carte Municipale de Barcelone.

L'activité du consortium est souvent très semblable aux mancommunautés, à savoir la gestion des déchets, le tourisme, le développement économique, l'éducation ...

b.3. Les sociétés intercommunales

Il est également possible de créer des entités intercommunales en tant que société privée, mais le fait est que cette possibilité n'a pas été développée de manière significative.

III. Les accords avec les individus

Les entités locales font également appel à des techniques conventionnelles pour l'exercice de leurs compétences dans leurs relations avec les citoyens. Ces accords privés peuvent servir deux fins clairement distinctes. D'un côté nous avons les contrats de gestion des services publics. Avec la gestion directe par les organes de l'administration elle-même ou par des entités à capitaux publics, l'administration peut recourir à des formules indirectes pour la fourniture de services publics. La crise économique est le moteur de l'utilisation du secteur privé en tant que partenaire de l'administration dans la fourniture de ses services. En outre la bonne gestion nécessite souvent l'utilisation de voies convenues plutôt que d'essayer d'imposer par des mesures coercitives, les décisions administratives. Dans ces cas, l'accord est une formule d'achèvement convenue du processus de gestion décisionnelle.

A. Les contrats de gestion de services publics

Dans le système espagnol la gestion indirecte a toujours été incluse dans la réglementation des contrats du secteur public. Ainsi, la distinction entre les contrats de concession de services communautaires et de services est diluée, puisque les deux types de contrats sont régis par la même loi, maintenant dans le Royal Décret législatif 3/2011 du 14 Novembre. La législation de régime local se réfère à cette réglementation générale en matière de contractualisation. La loi de base du régime local prévoit, à l'article 85,2-b que les entités locales peuvent fournir leurs services directement et indirectement « *à travers les différentes formes prévues par le contrat de gestion des services publics dans les contrats du secteur public* ».

Les modalités de contrats de gestion indirects sont la concession de services, la gestion intéressée, le concert et la société d'économie mixte[48]. Dans tous les cas, il s'agit d'un contrat qui fournira des services publics locaux, c'est-à-dire des activités qui soient susceptibles d'exploitation par les particuliers et qui se réfèrent à des activités relatives à la titularisation et à la responsabilité publique. L'article 275 du RDL 3/2011 interdit expressément la gestion indirecte des services impliquant l'exercice de l'autorité inhérente aux pouvoirs publics. L'entrepreneur est payé en imposant des frais d'utilisation, en pouvant également recevoir une partie ou la totalité de

[48] Selon l'article 277 du RDL 3/2011 "le contrat de la gestion des services publics pourra adopter les modalités suivantes :
- Concession, par laquelle l'entrepreneur gérera le service à son propre risque et chance.
- Gestion intéressée, l'Administration et l'entrepreneur participeront dans les résultats de l'exploitation du service en la proportion qui s'établit dans le contrat.
- Concert avec personne naturelle ou juridique qui réalise des prestations analogues à celles qui constituent le service public duquel il s'agit.
- Société d'économie mixte dans laquelle l'Administration participe, par elle-même ou par le moyen d'une entité publique, en concurrence avec des personnes naturelles ou juridiques »

leur rémunération par l'administration titulaire du service. La durée maximale de ces contrats est de 50 ans. La méthode la plus couramment utilisée est la concession du service ; dans ce cas le service est fourni aux risques et périls de l'entrepreneur.

B. Les accords avec les individus, l'exemple des accords urbanistiques

Les entités locales sont également arrivées à des accords avec les individus qui n'impliquent pas un échange d'avantages économiques et qui par conséquent ne sont pas réglementés par la loi des contrats du secteur public. Il s'agit de conventions dans lesquelles il n'est pas prévu de travaux, de services ou d'approvisionnement en faveur de l'entité locale. Ces contrats sont expressément exclus de la loi sur le contrat 3/2011 à l'article 4.1.d. Cette disposition exclut du champ d'application de la loi du secteur public les « *engagements en vertu des règles spécifiques qui les régissent, l'administration a tenu avec des personnes physiques ou morales de droit privé, à condition que leur objet ne soit pas inclus dans les contrats réglementés en vertu de la présente loi ou des règles spéciales administratives.* »

Au sein de ces figures conventionnelles au-delà de la législation des contrats publics on peut différencier les « conventions de composition » et les « accords de coopération »[49]. Les accords de composition sont ces accords en vertu desquels il s'agît de mettre fin à un litige ou à un conflit, tout en évitant d'avoir à recourir à une

[49] On suit sur ce point la classification élaborée par BUSTILLO BOLADO, R. Convenios y contratos : transacción, arbitraje y terminación convencional del procedimiento, 3ª edición, Aranzadi, Cizur Menor, 2010.

solution judiciaire. Des exemples de tels accords sont l'accord d'expropriation par laquelle l'administration qui exproprie et l'exproprié essayent de se mettre d'accord sur l'évaluation. L'article 24 de la loi d'expropriation du 16 décembre 1954 établi que « *l'administration et le particulier qui est concerné par l'expropriation pourront convenir d'acheter les biens ou les droits qui sont objet de celle-ci librement et d'un commun accord, dans ce cas, une fois convenus les termes de l'acquisition à l'amiable, on donnera par pli le dossier initié. Dans le cas où, dans une quinzaine de jours aucun accord n'est atteint, on suivra la procédure énoncée dans les articles suivants, sans préjudice qu'en n'importe quel état ultérieur de son traitement puissent les deux parties parvenir à un tel accord mutuel.* »

Un autre exemple est dans la régulation de la responsabilité administrative. L'article 8 du Royal Décret 429/1993 du 26 mars, réglementant la procédure de réclamation responsabilité envers l'administration publique, déclare que « *à tout moment de la procédure avant la procédure d'audition, l'organisme compétent, à proposition de l'instructeur, pourra convenir avec l'intéressé la fin conventionnelle de la procédure moyennant accord de compensation. Si l'intéressé est d'accord avec les termes de l'accord proposé, on suivra les procédures prévues aux articles 12 et 13 du présent règlement.* »

D'autres figures conventionnelles de composition sont les transactions et l'arbitrage, institutions qui n'étant pas largement utilisées dans le domaine administratif gagnent lentement du terrain comme des moyens alternatifs à l'arbitrage. La législation des contrats permet la solution arbitrale, mais dans les cas où le pouvoir adjudicateur n'est pas une administration publique (article 50 du Royal Décret Loi 3/2011).

Plus importants sont les accords de collaboration dans lesquels l'administration et les particuliers s'accordent pour agir pour la défense de leurs respectifs intérêts. Ce sont les cas où l'administration refuse d'imposer sa volonté et cherche l'accord visant à mettre fin à un dossier, par décision négociée avec l'administré.

La loi générale en matière de procédure administrative, loi 30/1992, réglemente avec caractère général la fin conventionnelle des procédures administratives, et cherche à impulser l'utilisation de cette technique. L'article 88 de la loi prévoit : « *1. Les Administrations Publiques pourront conclure des accords, pactes, conventions, ou des contrats avec des personnes tant en matière de droit public comme de droit privé, à condition qu'ils ne soient pas contraires au système juridique ou qu'ils ne traitent pas des questions non susceptibles de transaction et qu'ils aient pour but de satisfaire l'intérêt public, pour lequel ils ont été promulgués avec la portée, les effets et le régime juridique spécifique que dans chaque cas, prévoie la disposition qui le régule, pouvant de tels actes être considérés comme des finisseurs des procédures administratives ou être insérés dans les mêmes avec caractère préalable, contraignant ou non, à la résolution qui y met fin. 2. Ces instruments devront établir comme contenu minimum l'identification des parties concernées, le cadre personnel, fonctionnel et territorial, et la durée, devant être publiés ou non en fonction de leur nature et les personnes auxquelles ils sont destinés.* »

La possibilité de formaliser des accords attribués aux Administrations publiques a eu un grand développement dans la planification urbaine, posant cette ressource aux problèmes importants relatifs aux conventions.

Ces accords urbanistiques sont des accords de volontés qui génèrent des obligations pour les deux parties, et se différencient accords de planification et de gestion. Dans les accords de planification généralement la mairie s'est engagée à un résultat, qui consiste à introduire certains contenus dans le plan, ou de prendre les mesures qui soient de sa compétence pour la réalisation de cet objectif. Le particulier, généralement un promoteur urbanistique, en échange des avantages économiques que fournira le nouveau plan, s'engage à donner des terrains à la mairie, des zones bâties ou de l'argent par-dessus au moyen des cessions prévues par la loi. Tout cela conditionné de façon suspensive ou résolutrice à l'approbation effective d'un plan dans les délais prévus.

Cette pratique a soulevé d'importants problèmes conceptuels et pratiques. Sur le plan conceptuel, on a discuté du fait de savoir si l'administration pouvait convenir avec un particulier de l'exercice de son pouvoir discrétionnaire en matière d'urbanisme, et si cela n'implique pas la mise à disposition de l'intérêt général du promoteur qui offre un avantage économique à l'entité locale.

Les tribunaux ont accepté cette pratique, mais ont prévenu que ces accords ne sont pas contraignants pour l'administration, qui doit toujours défendre l'intérêt général. Ainsi, le pouvoir judiciaire a établi que l'individu ne peut pas appliquer un accord si son contenu est contraire à l'intérêt public. Il pourra exiger la responsabilité de l'administration pour les dommages que pourrait lui causer une violation de l'accord, mais ne pourra pas obliger à accomplir quoi que ce soit contraire à la loi ou à l'intérêt général[50].

En pratique, le recours aux accords urbanistiques de planification a été très fréquent ces dernières années, avant l'explosion de la bulle immobilière. Les mairies ont trouvé dans ces accords un moyen facile d'obtenir des revenus, ce qui a stimulé le développement urbanistique de leurs terrains d'une manière totalement incontrôlée.

Convertir un terrain non urbanisable en urbanisable n'a pas de coût pour l'entité locale, et en retour, elle obtenait d'importants revenus du promoteur qui se mettait à construire impulsé par la croissance incontrôlée du processus d'urbanisation. Aujourd'hui, tout a changé et on ne signe plus des accords car on ne construit plus, si bien que nous avons un surplus considérable de terrains urbanisables et construits.

Moins de problèmes résultent des accords urbanistiques d'exécution. Dans ces cas, il s'agît d'accorder la façon efficace les systèmes d'exécution de planification. Il ne s'agit pas d'influencer la conception de la ville, mais seulement se mettre d'accord entre l'administration et qui doit exécuter le plan et comment le faire aussi rapidement et efficacement que possible.

IV. Crise et réforme locale en Espagne. L'abandon surprenant des techniques de collaboration intercommunale

La crise économique a imposé la rationalisation de l'appareil administratif et sa réduction afin d'améliorer

---

[50] Vid. La jurisprudence la plus remarquable dans ce sens, est recueillie par BUSTILLO BOLADO, R.op. cit. pág. 323

son efficacité et réduire les dépenses publiques. Les exemples de la Grèce (plan Kallicrates qui a réduit le nombre de communes de 1034 à 370), Portugal, où on travaille pour réduire les « Freguessias », ou l'Italie, où les autorités tentent de supprimer les entités intermédiaires, ont entraîné une réforme similaire en Espagne[51].

À présent, en janvier 2013, on travaille pour réduire de manière significative les entités instrumentales des diverses administrations locales, afin de réduire le nombre d'entités locales (ce qui est en train de trouver une forte résistance au sein des organisations représentatives des entités locales) et réduire aussi le nombre de représentants locaux et de leurs rémunérations économiques.

Le débat sur la nécessaire réforme locale est généralement basé sur deux types de raisonnement. D'un côté, on affirme qu'il y a trop de niveaux d'administration locale, ce qui génère une intervention inefficace, dans laquelle abondent les duplicités, la complexité des procédures, la consommation excessive des ressources publiques. D'autre part, on met en relief que la prestation de services par des très petites entités locales est également inefficace ou impossible, obligeant à agir à travers des entités supra-municipales ou des formules conventionnelles. La conclusion à laquelle on arrive est qu'il devrait y avoir une fusion des organismes municipaux et une meilleure répartition des compétences entre les entités locales en

---

[51] Sur le cas italien, vid. TUBERTINI, C. La razionalizzazione del sistema locale in Italia : verso quale modelo?, dans Istituzione del federalismo, 2012, 3, pág. 695 et suivantes. Sur les réformes en Grèce, Portugal et Espagne vid. El libro colectivo Crisis económica y reforma del régimen local, Directore Cosculluela/Medina, ed. Civitas, Madrid 2012.

fonction de leur réelle capacité à mener à bien les tâches qui leur sont assignées.
Mais il y a aussi des voix qui critiquent ces approches, montrant que l'élimination de municipalités ne garantit pas toujours une réduction de coûts dans la prestation de services, car les centres de population dispersés continueront à exister encore. D'autre part, face à la suppression des municipalités on propose l'utilisation de formules associatives, et on remet en question d'un point de vue constitutionnel une réforme qui en ne tenant compte que des principes d'effectivité et d'efficacité ignore le principe démocratique et celui de la centralité de la municipalité dans la configuration des organisations territoriales[52]. Comme nous pouvons le voir, le débat est ouvert.

En Espagne, le gouvernement du Parti Populaire a préparé un avant-projet de loi avec le titre de « Loi pour la rationalisation et la durabilité de l'administration locale » qui projette la réalisation d'une réforme en profondeur du régime local (actuellement texte daté du 10 janvier 2013, qui semble proche de devenir un projet de loi).

Le préambule du projet commence par affirmer que l'Etat doit entreprendre la réforme du régime local dans l'exercice de sa compétence de base pour établir le cadre juridique des administrations publiques. On rappelle l'arrêt de la Cour constitutionnelle 32/1981 du 28 juillet 1981 dans lequel il est indiqué que « l'Etat a le pouvoir d'établir la base non seulement par rapport à la structure organisationnelle ou institutionnelle, mais aussi en ce qui concerne les compétences des entités locales requises par

---

[52] Vid. Sur ce débat, ALMEIDA CERREDA, M. op. cit. pág. 602 à 606.

la Constitution », c'est-à-dire des municipalités, des provinces et des îles.

Voici ensuite les principales lacunes de la législation de base en vigueur, la loi 7/1985. On dit que la loi a établi un système de répartition des compétences imprécises qui a entraîné la duplication dans la prestation de services et de concurrence impliquant des pratiques inefficaces, impliquant des coûts excessifs.

La réforme proposée a trois objectifs principaux : la rationalisation de la structure organisationnelle de l'administration locale en conformité avec les principes de l'efficacité et de la stabilité financière, de clarifier les compétences municipales afin d'éviter les duplicités avec les compétences d'autres administrations et d'assurer le contrôle financier et budgétaire plus rigoureux des entités locales.

En ce qui concerne la rationalisation de la structure organisationnelle de l'administration locale, qui est ce qui importe dans le présent travail[53], l'avant-projet propose deux mesures : d'un côté réviser toutes les entités instrumentales créées par les entités locales (entreprises

[53] En ce qui concerne les compétences municipales, l'avant-projet prévoit que les municipalités peuvent exercer seulement les compétences expressément attribués par la loi, sans que les entités locales puissent développer leur activité par rapport à tout ce qui pourrait être d'intérêt pour la communauté locale, comme c'était le cas auparavant. Il a ainsi empêché les dites compétences inadéquates qui avaient conduit à de forts engagements de dépenses publiques. On pourra déléguer des compétences aux entités locales, mais seulement celles de plus de 20.000 habitants. En ce qui concerne le contrôle, on renforce les secrétaires municipaux et les commissaires aux comptes, et on soumet à une tutelle spéciale les entités locales qui ne respectent pas l'impératif de stabilité budgétaire.

publiques, fondations, sociétés mercantiles) pour supprimer celles qui ne sont pas efficaces ou durables. En outre, les municipalités ne sont pas supprimées - cette possibilité a été rejetée après une forte opposition de la part des entités locales et leurs organes représentatifs-, mais imposant un transfert forcé de compétences vers un niveau intermédiaire des conseils, s'il démontre leur incapacité à exercer les pouvoirs qui leur sont attribués.

Ces objectifs se traduisent, par exemple, dans le nouvel article 26 de la loi fondamentale sur le gouvernement local, 7/1985. La disposition citée stipule que :

« 2. Par Royal Décret on établira des normes de qualité pour les services prévus dans cette disposition, qui serviront de base pour déterminer les ressources financières assignées par l'Etat aux Municipalités, en déterminant la périodicité et la procédure d'évaluation des mêmes. Dans le même Royal Décret se fixent les conditions dans lesquelles les municipalités doivent annoncer le coût et l'efficacité de ces services et l'efficience de ces mêmes services.

3. Dans les municipalités ayant une population de moins de 20.000 habitants, les Comtés ou les conseils de l'île ou les « Cabildos », prendront possession des compétences pour la prestation commune et obligatoire, au niveau provincial ou infra-provincial, des services prévus dans cette disposition, lorsque la prestation au niveau municipal, que ce soit en raison de la nature du service, la population, ou la viabilité financière ne satisfait pas aux normes de qualité visées à l'alinéa précédent, ou soit inefficace en réponse aux économies d'échelle.

L'accord sera adopté par les deux tiers des députés

provinciaux, ou leurs équivalents, et exigera l'autorisation de la communauté autonome. Le refus devra être motivé conformément aux critères énoncés à l'alinéa précédent. Quand il y ait une ou plusieurs municipalités qui volontairement demandent de joindre le service commun, la majorité simple des députés, ou l'équivalent, sera suffisante, et le rapport de la communauté autonome.

Dans le cas des municipalités de plus de 20.000 personnes qui veulent se joindre volontairement à cette assistance, il suffira la majorité des membres, ou l'équivalent.

Le conseil de comté, « cabildo » ou conseil insulaire conviendra avec les municipalités concernées le transfert de ressources matérielles et humaines. Cet accord comprend également un plan de redimensionnement pour adapter les structures organisationnelles, de travail, immobilières et les ressources résultantes de la nouvelle situation, prévoyant des mesures de mobilité géographique et fonctionnelle, et où s'évalueront les économies générées ; en absence d'accord, la communauté autonome ordonnera ce qui procède, avec un rapport préalable de la commission de la collaboration entre la communauté autonome et les entités locales.

Le conseil choisira la meilleure forme de gestion qui assure le respect des principes d'efficacité et de durabilité, parmi celles énumérées aux articles 85, 85a et 85b de la présente loi. »

Cette longue citation explique ce qui est prétendu avec la réforme. Les municipalités subissent un contrôle de l'efficacité pour vérifier si les services sont fournis conformément aux normes de qualité préalables. Si elles ne passent pas le contrôle, dans le cas des municipalités de

moins de 20.000 habitants, leurs compétences seront exercées par l'entité provinciale, le conseil. Cette perte de compétences peut être à sa propre demande ou résultée d'un accord imposé par l'entité provinciale avec autorisation de la communauté autonome. Une fois reprise la compétence par le Conseil celle-ci va décider la façon de gérer le service, par gestion directe ou indirecte.
Comme on peut le voir la réforme ne vise pas à résoudre les problèmes des petites municipalités (qui s'identifie avec celles de moins de 20.000 habitants, ce qui est un chiffre de population très élevée) en renforçant ou favorisant l'association, les formules conventionnelles ou de création de structures volontaires, comme les mancommunautés ou les consortiums. Face à cette solution s'impose une redistribution des compétences des entités municipales, qui peuvent être aussi des simples entités de représentation et de participation, mais vides de tout pouvoir d'action. Ce processus est lié à la vérification préalable de la conformité aux normes de qualité, ce que nous pensons peut être très complexe. D'abord par la même fixation de ces normes, et après par la méthodologie pour vérifier si elles s'exécutent ou non.

D'autre part, l'entité provinciale, à l'heure actuelle, manque de moyens personnels suffisants pour assumer les services municipaux. La province est une entité de soutien à la petite municipalité, à laquelle elle fournit des conseils techniques et juridiques, mais qui n'a pas de personnel qualifié pour gérer les services locaux. La réaffectation des ressources en personnel des municipalités aux provinces, nous pensons qu'elle est d'une grande difficulté. Quoi qu'il en soit, face aux propositions visant à supprimer les entités provinciales (comme il arrive en Italie et comme l'a proposé le PSOE lors de sa dernière campagne électorale), la province a récupéré sa force, car il semble maintenant que l'autorité locale poudra résoudre les problèmes des petites municipalités sans les supprimer. Dans les communautés autonomes avec une autre entité intermédiaire, comme les régions (Catalogne, Aragon), le rôle de la province pourra être assumé par cette autre entité locale.

L'avant-projet estime que les compétences pouvant passer à l'entité provinciale sont les suivantes :

- Déchets solides municipaux.
- Fourniture d'eau potable à domicile et évacuation et le traitement des eaux résiduelles.
- Infrastructure routière.
- Assistance Sociale Primaire.
- Protection civile, la prévention et la lutte contre les incendies.
- Transport public de passagers.
- Équipements culturels et sportifs.

L'autre objectif majeur de l'avant-projet est de réduire le nombre d'entités locales non-obligatoires qui existent et d'en empêcher la création future. Le nouvel article 57 de la loi fondamentale sur l'administration locale dispose :

« 2. La signature d'accords et constitution de consortiums devrait améliorer l'efficacité de la gestion publique, supprimer des duplicités administratives et en tout cas, respecter la loi de stabilité budgétaire et la viabilité financière.

3. La constitution d'un consortium ne pourra avoir lieu que lorsque la coopération ne peut se formaliser par un accord, et tant que, en termes d'efficacité économique la formule du consortium permet une allocation plus efficace des ressources économiques. Dans tous les cas, dans la constitution du consortium assurera la viabilité financière des Administrations participantes ainsi que le consortium lui-même qui ne pourra pas exiger plus de ressources que celles prévues initialement. »

Si l'autorité locale est également soumise à un plan économique-financier ou un plan d'ajustement pour réduire son niveau de dette, les limites à la capacité de l'auto-organisation locale sont encore plus grandes. La disposition additionnelle de l'avant-projet dispose que « Depuis l'entrée en vigueur de la présente loi, les entités locales de l'article 3.1 de la Loi régulatrice de base de régime local, ou ses organes autonomes, ne pourront acquérir, constituer ou participer à la constitution, directement ou indirectement, de nouveaux organismes, entités, sociétés, consortiums, fondations, unités et autres entités pendant la durée de vie de son plan économique et financier ou son plan d'ajustement. Les entités visées à l'alinéa précédent pendant la durée de son plan économique-financier ou de son plan d'ajustement, ne pourront pas faire de contributions en patrimoine ni souscrire des augmentations de capital d'entités publiques ou de sociétés mercantiles locales qui aient des besoins de financement ». Dans ce cas, comme on peut voir, il impose un frein absolu à la création de tous les types d'entités locales. Ce qui est recherché, c'est prévenir que les entités municipales continuent de créer un vaste réseau d'agences spécialisées pour la prestation de services ou pour l'exercice de l'initiative économique.

Enfin, nous voulons mettre en évidence une autre nouveauté significative. La disposition additionnelle sixième établit comment s'effectuera l'examen de l'activité des entités municipales et ajoute que si l'évaluation montre que certains services ne peuvent être maintenus au niveau municipal, il faudra prendre une de ces actions : « Quand d'une action d'évaluation, il résulte qu'on ne peut pas maintenir certains services municipaux, la mairie devra : s'il s'agit de services optionnels ou des activités économiques, ordonner leur suppression ; s'il s'agit de services obligatoires, elle pourra mener la gestion indirecte du service, à condition qu'elle ne comporte pas l'exercice de l'autorité inhérente des pouvoirs publics. » Comme on voit, ou on supprime le service, s'il n'est pas obligatoire, et s'il est obligatoire s'impose la gestion indirecte, ce qui favorise la participation du secteur privé dans la prestation des services locaux.

Exercice partagé des compétences et contrat

Nicolas Kada
Professeur à l'Université de Grenoble
Directeur du CERDHAP
Vice-président du conseil scientifique du GRALE

L'une des manières les plus communément admises de définir la décentralisation est de partir de la notion de compétences. Comme le rappelle en effet Jean-Marie Pontier[54], « la décentralisation suppose que le pouvoir central ou bien reconnaisse des compétences aux collectivités territoriales, ou bien transfère à ces collectivités des compétences qu'il détenait et exerçait jusque-là ». Pourtant, cette approche de la décentralisation est finalement assez récente, la doctrine mettant plutôt en exergue auparavant les procédures, dans la mesure où les collectivités territoriales intervenaient finalement assez peu ou alors sous le contrôle vigilant et strict du représentant de l'Etat. Mais le glissement sémantique opéré au cours de la seconde moitié du XXème Siècle est assez révélateur : les collectivités décentralisées ont progressivement assumé de plus en plus de compétences, tant et si bien que l'on en est venu à dénoncer, vingt ans

---

[54] Pontier, Jean-Marie – « L'enchevêtrement des compétences » in : Quelle nouvelle réforme pour les collectivités territoriales françaises ? (Ouvrage collectif dirigé par Jean-Claude Némery). Paris : L'Harmattan, coll. GRALE, 2010, p.107.

après les lois de décentralisation de 1982, un « enchevêtrement des compétences » qui serait source de complexité, d'incompréhension et de dépenses inutiles... Effectivement, la confusion est souvent dénoncée et l'échec d'une répartition par grands blocs de compétences, objectif pourtant mis en avant en 1983, n'en est que plus patent.

Ce constat, partagé, ne serait pas nécessairement gênant si la question de l'adéquation entre compétence, charge et pouvoir de décision ne se posait pas elle-aussi. En réalité, c'est davantage le fait que la collectivité qui exerce une compétence ne dispose pas toujours du financement correspondant ni de la liberté de décider qui pose véritablement problème : la répartition des compétences, même confuse telle qu'aujourd'hui, susciterait en effet moins de critiques si les responsabilités et capacités financières de chaque collectivité ne s'en trouvaient pas elles-aussi diluées. La reconnaissance de la clause générale de compétence, loin de résoudre ce problème, n'a fait qu'en accentuer les effets, constituant ainsi une fausse bonne idée ou, à tout le moins, une solution de courte durée.

Cet enchevêtrement des compétences est le résultat d'un paysage administratif décentralisé particulièrement dense et lui-même confus mais aussi d'une absence de volonté étatique ferme de clarification. La multiplication des niveaux de collectivités territoriales, auxquels il faut de surcroît rajouter les structures intercommunales et le recours à des établissements publics aux compétences – en principe – spécialisées, constitue sans nul doute un premier facteur d'aggravation de l'illisibilité du système actuel de répartition des compétences. Tant que seule la commune et le département œuvraient presque de manière exclusive pour gérer les affaires locales, cela demeurait relativement simple et de surcroît largement borné par la tutelle préfectorale.

Mais dès lors que le niveau régional a été promu et que l'intercommunalité a été encouragée, la complexité s'est irrémédiablement installée, l'exigence d'un intérêt public local ne pouvait à elle-seule permettre une clarification. Cependant, un autre élément est venu renforcer cette situation : l'absence de volonté claire de l'Etat d'y remédier. Le recours, en trompe-l'œil, à la notion de blocs de compétences a ainsi été mis en avant dès 1983 mais de manière subsidiaire, l'Etat prenant acte lui-même dans le Code général des collectivités territoriales[55] de la difficulté – l'impossibilité ? – à atteindre un tel objectif. Loin d'y parvenir, le législateur (du fait notamment du cumul des mandats qui induit quelques conflits d'intérêt entre les exigences locales et les attentes nationales) a compliqué à foison le dispositif jusqu'à le rendre illisible, allant jusqu'à confondre les notions de compétences et de responsabilités et esquissant ainsi un système complexe et obscur. Et quand le législateur semble prendre conscience de la réalité, ce n'est que pour mieux la traduire en termes législatifs si généraux qu'il devient audacieux d'en extraire des conséquences juridiques et pratiques[56]. En réalité, les collectivités territoriales participent

[55] Cf. art. L.1111-4 al. 1er du CGCT : « La répartition des compétences entre les collectivités territoriales et l'Etat s'effectue, dans la mesure du possible, en distinguant celles qui sont mises à la charge de l'Etat et celles qui sont dévolues aux communes, aux départements ou aux régions de telle sorte que chaque domaine de compétences ainsi que les ressources correspondantes soient affectés en totalité soit à l'Etat, soit aux communes, soit aux départements, soit aux régions ».

[56] A cet égard, l'article L.1111-2 du Code général des collectivités territoriales en constitue une excellente illustration.

directement, sinon à la définition, du moins à l'exercice des politiques publiques de l'Etat et l'enchevêtrement des compétences n'en est qu'une simple illustration.

S'interroger sur le rôle du législateur est indispensable mais réducteur : cela laisse en effet penser que seule la loi – ou, au-delà, l'acte unilatéral – est responsable de cette complexité dans la répartition actuelle des compétences. Or, cette situation est en quelque sorte aggravée par le recours au contrat comme mode de (re)distribution des compétences de plus en plus utilisé[57]. Dès lors, une nouvelle interrogation s'impose : cet exercice partagé des compétences est-il soluble dans un procédé juridique a priori simple et pratique : le contrat ? Autrement dit, le recours au procédé contractuel permet-il de rendre compte de cette complexité, voire de la surmonter ? Et de quel type de contrat s'agit-il ? Tous les dispositifs contractuels auxquels les collectivités territoriales sont parties sont-ils équivalents ? Pour tenter de répondre à ces questionnements, il apparaît pertinent de distinguer deux types de procédés contractuels en fonction de leur destination : le recours au contrat permet en effet classiquement de servir l'Etat (I) mais il est également utilisé de manière plus discrète mais non moins réelle pour contourner l'Etat (II).

I – Le recours au contrat pour servir l'Etat

Le contrat est un outil commode pour l'Etat : il lui permet en effet de contraindre de manière négociée – même si l'expression semble évidemment paradoxale – les collectivités territoriales dans l'exercice des compétences

---

[57] Pour une approche plus générale : Moderne, Franck. - « Les conventions entre personnes publiques » in : RFDA, 1984, p.3.

qu'il leur a transférées et de remédier ainsi aux insuffisances ou imprécisions de la loi. Mais si le contrat constitue ainsi un outil de contrainte, il n'en demeure pas moins qu'il est désormais un procédé répandu et qu'il investit quasiment tous les champs d'intervention des collectivités décentralisées.

A) Un principe : l'encadrement de l'exercice des compétences locales

La décentralisation est désormais présentée comme le corollaire naturel de toute forme moderne d'Etat, celui-ci ne pouvant à lui seul assumer convenablement toutes les fonctions qu'une société est en droit d'attendre. Or, la mise en place de collectivités décentralisées n'a de sens que si celles-ci sont dotées de compétences effectives qu'elles exercent dans le respect de la loi nationale – sauf à opter pour un système fédéral. Ce schéma, simple et classique, impose donc une participation des collectivités territoriales aux politiques publiques étatiques qui peut prendre diverses formes mais qui aboutit la plupart du temps à une formalisation contractuelle. L'acte unilatéral, forme classique de l'action administrative, se trouve en effet réduit à certains domaines de plus en plus restreints, alors que le contrat est progressivement privilégié.

Mais le recours à la contractualisation ne doit pas faire illusion : le contrat est également synonyme de contraintes, même si celles-ci s'accompagnent généralement de contreparties plus ou moins librement négociées.
Il y a tout d'abord les contraintes liées aux grands choix politiques de l'Etat, notamment en ce qui concerne la réforme administrative. Par la voie contractuelle, l'Etat tente ainsi de partager avec les collectivités territoriales

des objectifs communs de réforme, avant le cas échéant de les imposer. La Révision générale des politiques publiques (RGPP) mise en place de 2007 à 2012, à laquelle la Modernisation de l'action publique (MAP) a succédé depuis, a ainsi été conçue par et pour l'Etat mais a eu des incidences directes sur les collectivités décentralisées, notamment par la voie contractuelle. L'idée de diminuer le niveau des dépenses publiques en passant au crible toutes les politiques publiques étatiques et en les réformant si nécessaire, tout en veillant officiellement à maintenir un niveau élevé de qualité du service public est éminemment louable : sa mise en œuvre est cependant beaucoup plus délicate et ne saurait être sans conséquence sur les usagers bien-sûr mais aussi les collectivités territoriales, du fait de leur étroite association aux politiques publiques concernées. Comme l'écrit Gérard Marcou[58], « l'enchevêtrement des compétences et la contractualisation polymorphe qui s'en suit ont sans nul doute un coût élevé et entravent l'efficacité des politiques publiques ». La RGPP a ainsi nourri d'autres réformes telles que la Réorganisation de l'administration territoriale de l'Etat (RéATE) dont les incidences sur les collectivités territoriales sont évidentes[59]. Mais c'est aussi par le biais des divers contrats qui le lient aux collectivités décentralisées que l'Etat a mis en application la RGPP. Si les exemples sont nombreux, on peut également citer l'évolution des contrats de projet Etat-Région (CPER) du fait de cette politique étatique à l'instar de ce que souligne

[58] Marcou, Gérard. « La RGPP et la recomposition des territoires » in : RGPP et réforme des collectivités territoriales (Ouvrage collectif sous la direction de Jean-Claude Némery). – Paris : L'Harmattan, coll. GRALE, 2012, p.19.

[59] Cf. à ce propos : KADA, Nicolas et MULLER-QUOY, Isabelle. - « Les ratés de la RéATE (Réorganisation de l'Administration Territoriale de l'Etat) » in : L'Actualité Juridique –Droit Administratif (AJDA), 18 avril 2011, n°14, p.765.

Roselyne Allemand[60] : « le CPER, à la lumière de la RGPP, apparaît comme un outil de la rationalisation de la dépense publique en favorisant le cofinancement d'actions concertées relevant du domaine de compétences de l'Etat ou de compétences partagées. Il impose aux partenaires de faire un effort de programmation, de fixer des objectifs, d'établir une démarche d'évaluation ».

Mais les compétences locales sont également contraintes à s'insérer dans un dispositif contractuel (dont l'Etat n'est pas forcément partie) directement par un certain nombre de dispositions législatives relatives à la décentralisation. Il en va ainsi par exemple des contrats de toutes sortes, aux intitulés variables, et qui font naître des relations d'interdépendance entre collectivités sous l'œil de l'Etat, pourtant censé garantir l'égalité entre elles (principe constitutionnel). C'est le cas des schémas et autres plans que constituent par exemple les schémas de cohérence territoriale (SCOT), les plans de déplacement urbain (PDU), les programmes locaux de l'habitat (PLH) voire les plans locaux d'urbanisme (PLU) intercommunaux... Autant d'exemples de documents qui peuvent aujourd'hui émaner de la structure intercommunale et orienter – sans s'y substituer pour autant – les documents communaux qui s'y rattachent et qui doivent sinon s'inscrire dans un rapport de compatibilité à défaut de stricte conformité. Le législateur semble désormais privilégier le niveau intercommunal, à l'instar de ce qu'il fit à l'occasion de l'adoption de la loi portant engagement national pour l'environnement dite « Grenelle II » du 12 juillet 2010 et de ses dispositions relatives aux nouvelles modalités d'élaboration des PLU.

---

[60] ALLEMAND, Roselyne. – « Incidences sur la région des réformes de l'Etat et des collectivités territoriales » in : RGPP et réforme des collectivités territoriales (Ouvrage collectif sous la direction de Jean-Claude Némery). – Paris : L'Harmattan, coll. GRALE, 2012, p.96.

Mais la norme d'origine intercommunale constitue également de droit une norme de substitution, dans le champ des compétences transférées par les communes à l'EPCI. Au-delà des compétences obligatoires qui nécessitent la définition préalable – par voie de délibération – de l'intérêt communautaire et sans aller nécessairement jusqu'à des documents de type PLU intercommunaux, tout transfert de compétence peut en effet avoir lieu de la part des communes, sur la base de délibérations concordantes du conseil communautaire et des conseils municipaux (dans les conditions requises pour la création de l'EPCI). Mais dans ce cas, la compétence transférée est ensuite exercée exclusivement par l'EPCI « de plein droit, en lieu et place des communes »[61] : la commune ne peut donc plus intervenir.
De la même manière, la loi du 16 décembre 2010 de réforme des collectivités territoriales avait prévu un dispositif contractuel intéressant pour redistribuer les compétences (et les services) entre régions et départements, mais l'alternance politique de 2012 aura eu raison de ce mécanisme avant même qu'il ne voie le jour.

B) Une réalité : les multiples recours au procédé contractuel

Loin d'être une nouveauté, le recours au contrat est généralisé au sein des collectivités territoriales. Dans son rapport annuel de 2008, le Conseil d'Etat relevait ainsi que « Etat et collectivités territoriales recourent au contrat pour gérer leurs opérations quotidiennes : acheter des biens ou services, organiser le service public et réaliser des infrastructures, recruter du personnel. Phénomène plus récent, ils l'utilisent aussi pour piloter l'action

[61] Cf. CE Ass, 16 octobre 1970, Commune de Saint-Vallier.

administrative et expérimenter de nouvelles règles de droit ou de nouvelles politiques publiques »[62].

La loi du 10 août 1871 relative à l'administration départementale et la loi du 5 avril 1884 relative à l'administration communale mentionnaient en effet déjà de manière détaillée les possibilités de recours au procédé contractuel dans différents domaines et les collectivités territoriales ont depuis lors acquis une certaine expérience en la matière. Si l'achat de fournitures, de biens, de services ou de travaux s'y prêtent évidemment, le contrat est également très utilisé en matière de recrutement et gestion de personnel et a toujours constitué un mode privilégié en matière d'aménagement du territoire. Sans remonter aux chartes d'autonomie dont jouissent les villes sous l'Ancien Régime, il est certain que l'Etat contractualise depuis longtemps avec les collectivités décentralisées dans ce domaine, même si un effort particulier d'harmonisation et de relance de la contractualisation a été opéré par la loi du 29 juillet 1982[63]. La jurisprudence constitutionnelle a elle-même validé cette pratique, en estimant « qu'aucun principe ou règle de valeur constitutionnelle ne s'oppose à ce que l'Etat passe des conventions avec les diverses collectivités territoriales de la République »[64].

---

[62] Conseil d'Etat. - Le contrat : mode d'action publique et de production de norme (Rapport annuel). - Paris : la Documentation Française, 2008, p.18.

[63] Cf. Article 11 de la loi du 29 juillet 1982 portant réforme de la planification : « L'Etat peut conclure avec les collectivités territoriales, les régions et les entreprises publiques ou privées et éventuellement d'autres personnes morales, des contrats de plan comportant des engagements réciproques des parties en vue de l'exécution du plan et de ses programmes prioritaires ».

[64] CC, 19 juillet 1983, n°83-160 DC, rec. Conseil Constitutionnel, p.43 (AJDA 1984, p.28, note J-P. Jarnevic et RDP 1986, p.395, comm. L. Favoreu).

Mais cette loi de 1982 n'a pas empêché, loin s'en faut, l'apparition d'autres types de contrats conclus entre Etat et collectivités territoriales, permettant de dépasser les interrogations récurrentes quant à la question de la sanction applicable en cas de non-respect du contrat de plan ou du contrat de projet. Si leur administrativité ne fait plus en effet de doute, la portée juridique des engagements qu'ils contiennent a en effet longtemps posé problème avant que le Conseil d'Etat[65] ne règle (définitivement ?) la question en 2007 en retenant la responsabilité de l'Etat pour non-respect d'un engagement contenu dans un CPER.

D'autres formes contractuelles ont ainsi fleuri en marge de ces CPER : contrats de ville, contrats d'agglomération, contrats locaux de sécurité… autant de formes renouvelées souvent définies par de simples circulaires et particulièrement présentes dans le domaine de la politique de la ville, de la lutte contre la délinquance ou de la promotion économique. Si l'on rajouter à ces premières illustrations, les contrats conclus entre collectivités territoriales en l'absence de l'Etat (mais avec son assentiment), avec les établissements sanitaires et sociaux (conventionnement) et même entre établissements publics de coopération intercommunale (avec par exemple les pôles métropolitains depuis la loi du 16 décembre 2010), c'est tout un foisonnement de dispositifs contractuels qui viennent donner corps à la décentralisation. En outre, l'expérimentation, notamment telle qu'elle est organisée depuis la révision constitutionnelle du 28 mars 2003, accorde une large place à la contractualisation. Enfin, les collectivités territoriales développent désormais des relations internationales avec des collectivités d'autres pays et cette coopération dite « décentralisée » nécessite

[65] CE, 21 décembre 2007, Région du Limousin, req. N°293260 à 293263, AJDA 2008, p.481, note J-D. Dreyfus.

aussi la signature d'une convention pour être légale, sauf caractère d'urgence ou humanitaire[66]. Cette dernière illustration est d'ailleurs symptomatique d'un recours au contrat qui échappe de plus en plus à l'Etat, preuve supplémentaire que le contrat ne vise pas seulement la satisfaction des intérêts étatiques mais parfois, au contraire, leur dépassement.

II – Le recours au contrat pour contourner l'Etat

L'idée d'un outil contractuel proposé par l'Etat pour simplement mettre en œuvre des politiques publiques dont il conserverait la pleine maîtrise est éminemment fallacieuse. Le recours au contrat constitue en effet également un moyen commode pour les collectivités de nouer des relations entre elles sans que l'Etat ne puisse intervenir, à condition bien sûr de respecter la légalité. Le contrat permet ainsi fréquemment de corriger la répartition des compétences, voire ponctuellement de s'en affranchir.

A) Le contrat pour corriger la répartition des compétences

La délégation de compétence est loin de constituer une innovation législative. Comme le rappelle Jean-David Dreyfus[67], « il y a bien longtemps qu'est apparue la

---

[66] Loi n° 2007-147 du 2 février 2007 relative à l'action extérieure des collectivités territoriales et leurs groupements, modifiant l'article L.1115-1 du Code général des collectivités territoriales.

[67] Dreyfus, jean-David. – « La correction de la spécialisation des compétences par le jeu de la délégation de compétence » in : Quelle nouvelle réforme pour les collectivités territoriales françaises ? (Ouvrage collectif dirigé par Jean-Claude Némery). Paris : L'Harmattan, coll. GRALE, 2010, p.255.

délégation de compétence dans notre droit des collectivités territoriales ». En effet, dès la loi d'orientation pour l'aménagement et le développement du territoire du 4 février 1995, une telle délégation est envisagée par le législateur même si sa mise en œuvre est renvoyée à une autre loi... qui n'interviendra jamais, du moins dans les conditions et termes prévus par ce texte. Ceci étant, l'idée existe déjà et sera évidemment reprise par la suite sous la forme de la désignation d'une collectivité chef de file dès lors qu'une compétence est partagée et sur le dispositif d'appel à compétence dans le champ des compétences propres.

Dans le cas de l'identification d'une collectivité chef de file, il s'agit de répondre à un besoin très simple de coordination dès lors que plusieurs collectivités sont appelées à exercer en commun une même compétence ou, à tout le moins, à mener ensemble un même projet. Aucun transfert de compétence n'est alors envisagé mais le risque de la constitution, de fait, d'une tutelle d'une collectivité sur les autres n'est évidemment pas exclu. La révision constitutionnelle du 28 mars 2003 semble d'ailleurs avoir clairement envisagé ce risque puisqu'elle prend le soin de préciser dans un nouvel alinéa (le cinquième) de l'article 72 « qu'aucune collectivité territoriale ne peut exercer une tutelle sur une autre. Cependant, lorsque l'exercice d'une compétence nécessite le concours de plusieurs collectivités territoriales, la loi peut autoriser l'une d'entre elles ou un de leurs groupements à organiser les modalités de leur action commune ». L'exercice coordonné de la compétence va prendre la forme d'une convention qui recense précisément les droits et obligations de chacun, à commencer par la collectivité chef de file elle-même. Dans ce cas, le dispositif contractuel se trouve donc bel et bien paré d'une nouvelle vertu : la prévention de tout risque de tutelle. On ne peut néanmoins s'empêcher de penser que le risque demeure, quoi qu'en dise la convention...

En ce qui concerne l'appel à compétence dans le champ des compétences propres à chaque niveau de collectivité, il s'agit là encore d'un dispositif qui n'est pas nouveau et que le législateur a envisagé dès 1983 concernant les départements vis-à-vis des communes[68] mais très rares ont été les collectivités à s'en saisir en pratique. Après une seconde tentative, toute aussi peu convaincante, dans la loi du 12 juillet 1999 relative au renforcement et à la simplification de la coopération intercommunale, le procédé est de nouveau proposé par le législateur en 2004. En effet, la loi du 13 août 2004 relative aux libertés et responsabilités locales, qui fait directement suite à la révision constitutionnelle du 28 mars 2003 précitée, révise le code général des collectivités territoriales[69] afin de permettre aux EPCI à fiscalité propre d'exercer des compétences en lieu et place des départements et régions, à condition bien évidemment que ceux-ci soient d'accord et qu'une convention précise les modalités de cette délégation.
Dans ce domaine, la loi du 16 décembre 2010 s'inscrit donc dans la lignée de ces premiers dispositifs. Au regard de leur faible réussite (si l'on examine le nombre de collectivités qui y ont recours), il ne faut sans doute pas attendre de la nouvelle législation davantage qu'une rationalisation de la procédure et peut-être une facilitation de son usage. Cela étant, les risques de tutelle n'ayant pas

---

[68] Dans le domaine de la construction des collèges, des transports scolaires et de l'aide sociale : Cf. loi n°83-663 du 22 juillet 1983 relative aux transferts de compétences.

[69] Art. L.5210-4 du CGCT. – Le Conseil constitutionnel a validé ce nouveau dispositif (déc. N°20004-503 DC du 12 août 2004).

totalement disparu, peut-être faut-il se réjouir qu'un tel dispositif ne recueille pas davantage d'échos auprès des collectivités. Le législateur semble lui-même avancer avec prudence, tant l'appel à compétence peut rajouter à la confusion déjà présente en matière de répartition des compétences et, in fine, aboutir à ce que les collectivités n'aient recours au contrat que pour mieux s'affranchir de l'Etat.

B) Le contrat pour contourner la répartition des compétences

Il est assez révélateur de constater que le législateur lui-même, en 2010, avait prévu que le contrat puisse être utilisé pour contourner la répartition des compétences imposées par l'Etat. Plus précisément, la loi du 16 décembre 2010 ayant décidé que départements et régions verraient leurs compétences progressivement spécialisées (et leur clause générale de compétences abandonnée) sauf en matière de culture, de tourisme et de sport, elle avait également envisagé la possibilité de déroger à ces dispositions par voie de convention. Si ce dispositif ne verra finalement jamais le jour[70], il est tout de même assez singulier de constater que l'Etat prévoyait la possibilité de déroger, par voie contractuelle, aux règles qu'il entendait pourtant imposer.

En réalité, l'œuvre législative de 2010, et les débats parlementaires qui l'ont précédée, ne font que dévoiler la position de l'Etat à l'égard du recours au contrat : s'il y est largement favorable en ce qui concerne ses relations avec

[70] La nouvelle loi de réforme des collectivités territoriales dont l'examen au parlement est annoncé pour le printemps 2013 aura notamment pour mission de réaffirmer la clause générale de compétence des départements et régions.

les collectivités territoriales, il se montre beaucoup plus prudent lorsque le procédé contractuel vise les relations entre collectivités décentralisées sans qu'il ne puisse être partie au contrat. Communément admis lorsque l'Etat en est un des signataires, le contrat devient alors suspicieux lorsqu'il échappe à l'Etat. Etrange conception en vérité de la contractualisation ! Le contrat aux yeux de l'Etat se réduirait-il au seul contrat d'adhésion que reconnaissent les privatistes ? Il est vrai que les collectivités territoriales ne disposent finalement que rarement de la liberté d'accepter ou non le contrat que l'Etat leur propose (impose ?). Et même quand le contrat en est véritablement un, les relations entre l'Etat et les collectivités décentralisées signataires n'en demeurent pas moins déséquilibrées comme dans le cas précité des CPER. En outre, l'Etat a multiplié ces dernières décennies le recours à des schémas et cartes en tout genre, qui lui permettent incontestablement de rétablir des contraintes à des échelles diverses – souvent intercommunales – même si leur valeur prescriptive est très variable. Le développement de ces nouveaux cadres territoriaux d'action publique, en marge des collectivités territoriales reconnues par la Constitution ou la Loi, est un moyen discret pour l'Etat d'imposer ses propres politiques publiques aux collectivités décentralisées.

Si le contrat est donc devenu un outil privilégié pour l'exercice des compétences des collectivités territoriales, il n'en demeure pas moins un outil largement contraint. C'est un des grands paradoxes du contrat : il sous-entend la liberté alors même que celle-ci est nécessairement limitée. Ainsi, la liberté contractuelle des collectivités territoriales est largement reconnue : c'est un principe général du droit pour le Conseil d'Etat[71] et un principe à

[71] Par extension de : CE, 20 mars 2000, Mayer et Richer, req. n°202295 - AJDA, 2000, p.756, obs. Y. Jégouzo.

valeur constitutionnelle pour le Conseil Constitutionnel[72], car la liberté contractuelle n'est qu'une composante du principe (lui-même constitutionnel) de libre administration des collectivités territoriales. Pour autant, cette liberté contractuelle admet des limites car elle ne saurait évidemment être absolue : elle doit notamment composer avec un autre principe constitutionnel qu'est le principe d'égalité et ne peut pas concerner les tâches inhérentes à l'exercice de ses missions de souveraineté par l'Etat (qui ne peuvent être déléguées par contrat). Limitée, la liberté contractuelle n'en reste pas moins une composante essentielle de l'autonomie d'action des collectivités territoriales qui en font généralement un usage modéré et respectueux de la souveraineté de l'Etat

[72] Cf. notamment déc. n°92-316 DC du 20 janvier 1993 – LPA, 2 juin 1993, chron. B. Mathieu et M. Verpeaux.

La valeur des biens publics et quelques façons d'en tirer avantage

Boris Tardivel

Maître de conférences de droit public à l'Université Montpellier 1,
Avocat au Barreau de Nîmes

L'exposé des motifs de l'ordonnance n° 2006-460 du 21 avril 2006 créant le code général de la propriété des personnes publiques insiste sur « l'émergence de la notion de valorisation économique du domaine public ». Le caractère supposément émergent est discutable. Si la réforme s'inscrit dans une perspective de valorisation des biens publics, la prise de conscience de leur valeur économique est bien antérieure. En réalité, les propriétés publiques sont de longue date le siège d'activités économiques notamment confiées à des concessionnaires de service public voire à de simples occupants. C'est plutôt la perception que les propriétaires publics ont de leur propre domaine qui a changé progressivement[73]. Dès 1932, le juge administratif conçoit le domaine public comme une richesse collective : un maire est autorisé à utiliser ses pouvoirs de police dans le but de protéger l'entreprise concessionnaire de transports en commun de

[73] J.-M. Auby, P. Bon, J ;-B. Auby, Droit administratif des biens, Dalloz, 4ème éd., p. 96.

la commune contre la concurrence[74]. L'autorisation administrative n'est plus seulement envisagée comme un acte de police ; elle devient un acte de gestion fondé sur des préoccupations d'ordre économique[75]. Dans le même ordre d'idées, les gestionnaires publics peuvent concéder l'affichage sur les dépendances de leur domaine public en se fondant notamment sur des motifs d'ordre financier[76]. Egalement, la décision de ne pas renouveler l'autorisation d'occupation du domaine public peut être légalement fondée sur le refus du permissionnaire d'accepter une augmentation importante du montant de la redevance d'occupation[77] voire sur la perspective de retirer un profit supérieur des redevances payées par un nouveau concessionnaire[78]. Le domaine public est regardé comme « un bien dont l'administration doit assurer l'intérêt collectif et la meilleure exploitation »[79] ou « une richesse dont les collectivités peuvent et doivent assurer la meilleure utilisation »[80]. Par ses décisions et à travers les conclusions des commissaires du gouvernement, le Conseil d'Etat invite sinon exhorte les administrations à profiter du trésor dormant[81] sur lequel elles sont assises.

---

[74] CE, Sect., 29 janvier 1932, Sté des Autobus antibois, Rec. p. 117.

[75] J.-F. Calmette, La rareté en droit administratif français, thèse, L'Harmattan, p. 226.

[76] CE, 2 mai 1969, Sté d'affichage Giraudy, Rec. p. 238.

[77] CE, 8 janvier 1960, Lafon, Rec. p. 15 ; CE, 23 juin 1986, Thomas, Rec. p. 167.

[78] CE, Sect. 6 mai 1932, Delle Taillandier, Rec. p. 467 ; CE, 18 mars 1963, Cellier, Rec. p. 189.

[79] Concl. Chenot, CE, Sect., 5 mai 1944, Cie maritime de l'Afrique orientale, Rec. p. 129.

[80] Concl. Guldner, CE, 20 décembre 1957, Sté d'éditions cinématographiques, Rec. p. 702.

[81] P.-E. Spitz, Les nouvelles méthodes de gestion des biens publics : l'exemple de Paris, AJDA 2007, p. 954. Voir encore C. Pisani, Valorisation des propriétés publiques, La Semaine Juridique

Il est donc admis depuis longtemps que la gestion domaniale poursuive des finalités d'ordre financier[82]. C'est le contexte économique actuel qui a renouvelé la perception de la question, dans des termes plus radicaux. Dans le cadre de la rationalisation de l'action publique, l'objectif de valorisation économique du patrimoine public est élevé au rang d'impératif. Comme l'exprime le Vice-Président du Conseil d'Etat, « la recherche de la rentabilité est devenue pour les collectivités publiques un besoin autant qu'une contrainte »[83]. La Cour des comptes insiste sur l'importance de la ressource domaniale et déplore l'insuffisance des redevances d'occupation du domaine public[84]. La représentation du domaine public comme source de profit n'est plus seulement utile ; elle est rendue nécessaire par la conjoncture. Ce n'est plus une question de conscience mais bien de responsabilité.
Cela explique l'ampleur du phénomène de valorisation des propriétés publiques. Dans une logique de marché, l'administration est devenue un opérateur économique comme un autre. La conjoncture l'oblige à se comporter comme tel, précisément en donnant aux éléments de son patrimoine de la valeur, acte économique par excellence. Dans cette perspective, le code général de la propriété des personnes publiques intègre et modernise les procédés

---

Administrations et Collectivités territoriales n° 43, 23 Octobre 2006, 1250.

[82] C. Teitgen-Coly, La légalité de l'intérêt financier dans l'action administrative, Economica, 1981

[83] J.-M. Sauvé, Introduction aux entretiens du Conseil d'Etat en droit public économique sur le thème de la valorisation économique des propriétés des personnes publiques, La documentation française, 2011, p. 2.

[84] Rapport de la Cour des comptes de 1976, JO 1976, p. 866.

connus de valorisation[85] ; il innove aussi. La jurisprudence administrative accompagne le mouvement lorsqu'elle ne l'anticipe pas. Dans son ensemble, la doctrine l'encourage[86]. Au total, les personnes morales de droit public et notamment les collectivités territoriales bénéficient d'une liberté étendue pour administrer leurs biens au mieux de leurs intérêts notamment financiers : en soulignant la richesse de leur patrimoine (1), en optimisant leurs recettes d'occupation (3) et en pratiquant une activité marchande (3).

1. Mettre en valeur son patrimoine

Valoriser, c'est d'abord mettre en valeur. Il s'agit par des mesures appropriées de souligner les éléments qui font la richesse d'un bien en particulier. La valeur ne s'entend pas ici du caractère mesurable d'un objet en tant que susceptible d'être échangé dans le cadre d'une relation marchande ; elle constitue plutôt le caractère d'une chose qui répond aux normes idéales du genre auquel elle appartient. Ce sont les qualités intrinsèques et particulières du bien qui sont mises en exergue, sans égard pour son prix. Traditionnellement, la question est ainsi envisagée à travers la mise en valeur du patrimoine qui présente un

[85] J.-M. Auby, P. Bon, J.-B. Auby, op. cit., p. 96. J. Morand-Deviller, La valorisation économique du patrimoine public, Mélanges Drago, 1996, p. 273.

[86] Rapport du groupe de travail sur la valorisation des biens publics constitué au sein de l'institut de la gestion délégué présidé par le professeur Gaudemet, 2004 ; Institut de la gestion déléguée, La gestion patrimoniale du domaine public, avril 2001 ; dossier spécial dans l'AJDA du 27 décembre 2010, Valorisation des biens publics… pp. 2463-2484 ; circ. 28 févr. 2007 relative à la modernisation de la gestion du patrimoine immobilier de l'Etat ; colloque Conseil d'Etat et ENA du 6 juillet 2011, Valorisation économique des propriétés publiques : les entretiens du Conseil d'Etat, site du Conseil d'Etat.

intérêt historique, artistique, archéologique, esthétique, scientifique, technique[87], architectural ou culturel.
Une tendance plus récente se dessine, qui voit par-delà l'intérêt général qui s'attache à cette mise en valeur, l'émergence de préoccupations de rentabilité voire de profit de la part des collectivités publiques. Si l'accès à certains monuments importants du patrimoine collectif est payant de longue date, c'est essentiellement dans le but d'amortir les coûts d'entretien et d'exploitation de l'ouvrage ou du site. La perspective de transformer un lieu unique en un objet économiquement avantageux est différente et renouvelle la problématique de la mise en valeur.
L'article L. 2341-1 du code général de la propriété des personnes publiques issu de la loi n° 2010-853 du 23 juillet 2010 permet à l'Etat et à ses établissements publics de consentir un bail emphytéotique administratif sur un de leurs biens immobiliers en vue de sa restauration, de sa réparation ou de sa mise en valeur. Un titre spécifique du code intitulé « valorisation du patrimoine immobilier » est consacré à ce contrat dit BEA de valorisation[88]. Il est regrettable que ce titre à portée générale ne renferme que l'article susvisé alors que d'autres articles du même code regardent la valorisation[89]. Conçu dans le cadre de la réhabilitation de l'hôtel de la Marine, place de la Concorde

---

[87] Art. L. 1 du code du patrimoine.

[88] E. Fatôme et M. Raunet, Naissance d'un nouveau bail emphytéotique administratif : le BEA de valorisation, AJDA 2010, p. 2475. Y. Gaudemet, Droit administratif des biens, 14 ème éd., LGDJ, p. 307. Ph. Yolka, Le BEA nouveau est arrivé, JCP A 2009, n° 10, p. 3. V. aussi : G. Clamour, Contrats-Marchés publ. 2009, comm. 75 ; N. Foulquier, RD imm. 2009, p. 541.

[89] Ph. Yolka, comm. article L. 2341-1, Code général de la propriété des personnes publiques, éd. Lexis-Nexis, 2012, p. 347.

à Paris[90], ce BEA a été étendu aux personnes publiques locales par l'article 96 de la loi n° 2011-267 du 14 mars 2011 d'orientation et de programmation pour la performance de la sécurité intérieure[91].

Il existe bien d'autres façons de faire pour une collectivité publique. La délégation de service public se prête également à cette forme de valorisation. Amphithéâtre remarquablement conservé de l'époque romaine, les Arènes de Nîmes ont été confiées à un délégataire qui organise, en dehors des périodes consacrées à la tauromachie et aux concerts, différentes animations avec notamment la reconstitution des jeux du cirque. A travers cette mise en scène de son patrimoine propre à assurer son rayonnement touristique, la ville de Nîmes dégage des ressources. La mise en valeur du Pont du Gard par le département éponyme procède d'une logique semblable, encore que l'exploitation est confiée à un établissement public de coopération culturelle. Des études préparatoires avaient démontré que les quelques 6 à 10.000 visiteurs quotidiens en période estivale ne s'attardaient pas sur le site et dans l'ensemble, ne le positionnaient même pas comme élément d'un aqueduc. Lancée en 1995 par le département du Gard, l'opération de protection du site historique et écologique du Pont du Gard qui a bénéficié du concours du Ministère de la Culture et de la communication, du Ministère de l'aménagement du territoire et de l'environnement, de l'Union européenne, de la région Languedoc-Roussillon est un exemple de mise en valeur d'un élément marquant du patrimoine national

---

[90] Ph. Yolka, Reconversion de l'hôtel de la Marine : le Bateau ivre ?, AJDA 2011, p. 429.

[91] G. Clamour, Contrats-Marchés publ. 2011, comm. 98.

par la transformation d'un monument « muet » et libre d'accès en un lieu « parlant » et payant[92].

Ce petit florilège démontre la prégnance d'une dimension économique dans toute tentative de valorisation. Si cette dernière est représentée à la manière d'une échelle, alors il existe des degrés supérieurs de prise en compte du potentiel financier d'un bien. Valoriser, c'est aussi tirer le meilleur parti de l'occupation des dépendances domaniales.

2. Maximiser les recettes d'occupation

2.1. L'article L. 2125-1 du code général de la propriété des personnes publiques consacre le principe de l'onérosité de l'occupation ou de l'utilisation du domaine public[93] et l'assortit de trois exceptions. Se réclamant des meilleurs motifs juridique et financier soulignés par la Cour des comptes[94], le caractère payant de l'occupation privative reposait sur une jurisprudence fermement acquise[95]. Avec l'ordonnance du 21 avril 2006, le principe ayant acquis valeur législative, il ne peut y être dérogé que par la loi[96].

---

[92] Si l'accès au monument proprement dit reste libre, l'accès au parking ainsi qu'aux musée, cinéma, espace ludique et bien sûr aux activités de café et restauration fait l'objet d'une tarification.

[93] Ph. Yolka, Requiem pour la gratuité, JCP A 2007, act. 170.

[94] Rapport Cour des Comptes de 1976, JO 1976, p. 866. Une occupation gratuite procurant à l'occupation des revenus s'apparenterait à de « véritables subventions déguisées ». J.-F. Calmette, La rareté en droit administratif français, Thèse, L'Harmattan, p. 226. G. Melleray, Domaine public et fiscalité, AJDA 1980, p. 323.

[95] CE, 8 juillet 1996, Merie, Rec. p. 272 ; CE, 11 février 1998, n° 171792, Ville de Paris, Association pour la défense des droits des artistes peintres sur la place du Tertre, Rec. p. 46.

[96] CE, 10 juin 2010, Sté des autoroutes Esterel Côte d'Azur, AJDA 2010, p. 1172.

La nature même de la redevance d'occupation a longtemps fait débat. La controverse est terminée. A ce jour, les juges et la doctrine s'accordent unanimement et facilement sur le point suivant : exception faite de redevances de nature fiscale, ainsi des droits de place dans les halles, foires et marchés[97], la redevance domaniale n'est ni une contribution indirecte, ni un impôt direct, ni une redevance pour service rendu ; elle est « directement liée à l'occupation du domaine »[98] et s'analyse ainsi comme un « produit du domaine »[99].
Les modalités de détermination du montant des redevances[100] qui représentent une part non négligeable de leurs ressources[101] relèvent de la compétence des collectivités publiques, le juge n'exerçant qu'un contrôle minimum sur le tarif des redevances. Le montant des redevances est librement fixé par les assemblées délibérantes[102], dans le respect toutefois du principe d'égalité entre les occupants placés du fait de l'occupation dans une situation semblable. Les collectivités ne sont plus tenues par le principe d'une tarification indexée sur la

---

[97] CE, 19 janvier 2011, M. Auguste, AJDA 2011, p. 138.
[98] CE, 20 octobre 1997, SA Papeteries Etienne c. Voies navigables de France, Rec. p. 537.
[99] Y. Gaudemet, Droit administratif des biens, op. cit., p. 279.
[100] Pour un exposé plus complet de la question, le lecteur se reportera avec profit aux présentations des professeurs J. Dufau (Le domaine public, p. 418 et s.) et Y. Gaudemet (Droit administratif des biens, op. cit., p. 280 et s.). Notre propos s'en inspire.
[101] Dans les années 2000, l'Etat a augmenté le montant des redevances d'occupation du domaine public de 200% « pour remettre progressivement les redevances souvent symboliques à niveau (QE n° 1342 de M.-L. Cosyns, JOAN 20 janvier 2003, p. 356) ». P. Gonod, F. Melleray, Ph. Yolka, Traité de droit administratif, t 2, LGDJ, 2011, p. 298.
[102] CE, 30 octobre 1996, Selmi, Rec. p. 865.

surface occupée depuis 1923[103]. C'est à l'occasion de l'arrêt Peysson que le Conseil d'Etat a jugé que l'autorité gestionnaire avait légalement fixé les tarifs des redevances dues par les exploitants de cafés et restaurants occupant la voie publique en tenant compte « du mode d'usage et de la situation des emplacements occupés, ainsi que la nature des commerces exercés »[104]. Rien qu'à Paris, on compte plus de 20.000 débits de boissons. Un tiers d'entre eux bénéficient d'une terrasse ouverte, fermée voire les deux à la fois. Elément important du paysage urbain, la terrasse de café constitue un réel atout d'un point de vue commercial. Le professeur Y. Gaudemet observe que « pour la première fois, on admettait que la redevance ne soit pas seulement une sorte de redevance foncière, mais une forme de participation à l'avantage économique résultant de l'exploitation de l'occupation domaniale »[105]. Depuis lors, la redevance domaniale est généralement composée d'un élément fixe correspondant à la valeur locative du bien occupé et d'un élément variable, prenant en compte les avantages, notamment financiers, que l'occupant retire de l'exploitation domaniale[106].

L'idée n'est pas nouvelle, donc. Elle a cependant été réaffirmée par le Conseil d'Etat dans son rapport consacré aux redevances pour service rendu et aux redevances domaniales de 2002 qui rappelle avec force que « la détermination du montant des redevances repose sur un principe essentiel, applicable à toutes les dépendances domaniales, celui de la prise en compte de l'avantage retiré par l'occupant »[107]. Ce principe est finalement

---

[103] C. Lavialle, Droit administratif des biens, PUF, 1996, p. 142. J.-F. Calmette, La rareté en droit administratif français, p. 227.

[104] CE, 12 décembre 1923, Peysson, Rec. p. 826.

[105] Y. Gaudemet, Droit administratif des biens, op. cit., p. 282.

[106] CE, 29 novembre 2002, Commune de Barcarès, AJDA 2003, p. 1016. CE, 21 mars 2003, Sipperec RFDA 2003, p. 903.

[107] Doc. fr. 2002, spéc., p. 51.

consacré par l'ordonnance du 21 avril 2006. Aux termes des dispositions de l'article L. 2125-3 du code général de la propriété des personnes publiques, « la redevance due pour l'occupation ou l'utilisation du domaine public tient compte des avantages de toute nature procurés au titulaire de l'autorisation ».

L'administration fait preuve de beaucoup d'imagination dans la prise en compte des avantages de toute nature procurés à l'occupant à raison de l'occupation. Afin de déterminer la part variable de la redevance[108], il peut être tenu compte de critères différents : un élément de fréquentation, tel que le trafic dans le cas d'un embranchement sur le domaine ferroviaire[109], un élément de l'exploitation commerciale comme le volume des marchandises vendues s'agissant d'un contrat de place à la poissonnerie municipale[110], le revenu que les occupants du domaine public du Bassin d'Arcachon auraient pu percevoir de la sous-location des cabanes occupées si cette sous-location avait elle-même été autorisée[111], les recettes résultant de la vente de places et de produits dérivés concernant un équipement sportif[112] ou encore, la raréfaction de la dépendance domaniale occupée dans le cadre de l'attribution des licences de mobiles de troisième

[108] Ces jurisprudences sont citées par le professeur Y. Gaudemet et / ou le professeur Ph. Yolka dans les ouvrages déjà mentionnés.

[109] CE, 22 mars 1929, Sté de construction d'embranchements industriels, Rec. p. 355.

[110] CE, 3 février 1933, Syndicat des patrons et marins pêcheurs du Tréport, Rec. p. 153.

[111] CE, 10 février 1978, Scudier, Rec. p. 66 ; CE, 21 mars 2003, Sipperec, Rec. p. 144.

[112] CAA Lyon, 12 juillet 2007, n° 06LYO2105, Ville de Lyon. L'administration a également tenu compte dans la détermination de l'élément variable de la redevance domaniale de ses propres charges, telles que les amortissements, l'entretien et la maintenance au prorata de l'utilisation de l'équipement. V. Ph. Yolka, article L. 2125-3, CGPPP commenté, Lexis-Nexis, 2012, p. 258.

génération dites UMTS[113]. Dans le prolongement de l'article 22 de la loi du 6 janvier 1948 qui imposait à l'Etat de « tenir compte des bénéfices dont la concession peut être la source », l'administration peut simplement indexer la part variable sur le chiffre d'affaires de l'occupant résultant de l'exploitation commerciale du domaine occupé[114] voire même sur le résultat net après impôt de l'exploitation de l'ouvrage[115].

2.2. L'administration est tenue de prendre en considération les exigences du droit de la concurrence interne, en particulier la liberté du commerce et de l'industrie et l'ordonnance du 1er décembre 1986, et communautaire qui font partie de la légalité administrative[116]. Dès lors qu'il accueille des activités de nature économique, le domaine public s'est ouvert au droit de la concurrence. Le Conseil d'Etat a ainsi jugé qu'il incombe à l'autorité administrative affectataire des dépendances du domaine public « *lorsque, conformément à l'affectation de ces dépendances, celles-ci sont le siège d'activités de production, de distribution ou de services, de prendre en considération les diverses règles telles que le principe de la liberté du commerce ou de l'industrie ou de l'ordonnance du 1er décembre 1986 dans le cadre*

---

[113] Tant que les fréquences radioélectriques étaient disponibles, la gratuité prévalait. Comme l'explique J.-F. Calmette, « le progrès technique entraînant une explosion des applications susceptibles d'utiliser le spectre hertzien, les fréquences sont désormais considérées comme des ressources rares » et donc, plus convoitées. Dans une pure logique de marché, l'autorité administrative peut se montrer plus exigeante. J.-F. Calmette, op. cit., p. 230. M. Degoffe et Ph. Godfrin, Droit administratif des biens, Sirey, 2012, p. 232.

[114] CAA Douai, 11 mai 2010, SA Groupe Partouche, n° 08DA00104.

[115] CE, 13 juin 1997, Sté des transports pétroliers par pipe-line, Rec. p. 230.

[116] CE, 3 novembre 1997, Million et Marais, RDP 1998, p. 256, note Y. Gaudemet.

desquelles s'exercent ces activités »[117]. La jurisprudence ultérieure précisera qu'il n'est pas défendu à l'autorité administrative, dans des « limites compatibles » avec de tels principes, d'accorder à une entreprise en charge d'un service public des « facilités particulières » pour l'utilisation du domaine public[118].

Une collectivité publique peut fort bien dans le cadre d'un appel d'offres en vue de l'attribution d'une convention d'occupation temporaire du domaine public aux fins d'exploitation commerciale prévoir une redevance comprenant une part fixe au titre de l'occupation des locaux ainsi qu'une part variable estimée à un certain pourcentage du chiffre d'affaires réalisé du fait de l'occupation. Il va de soi que ce pourcentage ne doit pas excéder les limites du raisonnable. Par exemple, dans l'appel d'offres relatif à la convention d'occupation temporaire du domaine public du Palais de la Porte Dorée aux fins d'exploitation d'un café restaurant avec débit de boissons, d'une durée de cinq ans, la Cité nationale de l'histoire de l'immigration envisageait de percevoir une redevance annuelle comprenant une part fixe et une part variable estimée à 10 % hors taxe du chiffre d'affaires.

Libre au pouvoir adjudicateur d'aller plus loin en invitant les candidats, en ce qui concerne le critère du prix, à émettre une offre de redevance comportant une part fixe et une part variable exprimée en pourcentage du chiffre d'affaires réalisée du fait de l'occupation. A ce jour et à notre connaissance, la jurisprudence administrative n'a pas fixé de restriction quant à la nature des occupations concernées : pourvu que l'occupation donne lieu à une exploitation commerciale quelconque, le pouvoir adjudicateur peut imposer aux candidats un intéressément

---

[117] CE, Sté EDA, 26 mars 1999, AJDA 1999, p. 427, concl. J.-H. Stahl, note M. Bazex.

[118] CE, 30 juin 2004, Département de la Vendée, RJEP 2004, p. 487.

au résultat strictement lié à la dépendance occupée. Au contraire, le juge estime qu'il est loisible à l'administration dans le cadre d'une consultation relative à une convention d'occupation de « valoriser son domaine public » et d'en « optimiser l'occupation »[119]. Certes, une telle passation doit se faire dans le respect du principe d'égalité entre les candidats. Il est également recommandé de prévoir une pondération convenable et suffisante du critère du prix. Par exemple, le département de Lot-et-Garonne a lancé un appel à projets pour l'installation de centrales photovoltaïques sur les toitures de ses collèges en retenant trois critères : technique (50%), qualité environnementale et développement durable (30%) et redevance (20%). La redevance proposée devait comprendre une part fixe en € HT/m2 de capteurs installés et une part variable en pourcentage du chiffre d'affaires de la revente de l'électricité en € HT sur la durée totale du contrat et réparties par annuités. Ces installations utilisant les énergies renouvelables sont conformes à l'objectif de performance énergétique.

Valoriser, c'est enfin se positionner sur le marché des biens.

3. Pratiquer une activité marchande

Il est admis que l'administration gère un ensemble de valeurs mobilières et immobilières à la façon d'un agent économique rationnel. Cela sous-entend un trafic à double sens : les biens circulent du patrimoine public vers des patrimoines privés et vice-versa. Il en résulte une intensification de l'activité marchande des collectivités territoriales. Les dépendances du domaine ne sont plus des

---

[119] C.A.A. Marseille, n° 08MA00148, 17 mai 2010, Ville de Cannes / sté Azur Restauration Collective.

« biens de mainmorte »[120]. Un tel négoce suppose au préalable de connaître la valeur des biens échangés.

3.1. La montée en puissance des préoccupations d'ordre financier dans les modes de gestion publique oblige les propriétaires publics à déterminer la valeur vénale des éléments de leur patrimoine. C'est toute la logique de l'évaluation qui s'inscrit elle-même dans une démarche de valorisation, la plus-value apportée à un immeuble quelconque s'appréciant par référence à sa valeur initiale. Considérer les biens publics à leur juste valeur vénale n'a rien d'évident. La difficulté est celle de l'évaluation en soi, sur quelque bien qu'elle porte[121]. Qu'elle s'applique aux propriétés privées ou aux propriétés publiques[122], l'évaluation repose théoriquement sur les mêmes bases. L'évaluation du bien public a lieu en vue de sa cession éventuelle. En principe, l'évaluateur n'a donc pas à tenir compte de l'élément d'affectation à l'usage direct du public ou à un service public, la cession ne pouvant intervenir en l'absence de déclassement préalable[123]. Il en résulte que le bien évalué relève nécessairement de la domanialité privée, c'est-à-dire de règles peu exorbitantes et proches du droit commun[124]. Il est donc évalué comme n'importe quel autre bien.

---

[120] P. Gonod, F. Melleray, Ph. Yolka (sous la dir.), Traité de droit administratif, t 2, 2011, p. 298.

[121] A. Bernard, Evaluation des biens, Coll. Analyse Juridique, Ed. Le Moniteur, 11ème éd. M. Huyghe, Traité de l'évaluation des biens, Ed. Le Moniteur, 12ème éd., 2012, p. 15 et s.

[122] H. Moysan, Le droit de propriétés des personnes publiques, LGDJ 2001. Ph. Yolka, La propriété publique. Eléments pour une théorie. LGDJ 1997.

[123] Sauf exceptions prévues par le code général de la propriété des personnes publiques, examinées plus loin.

[124] Deux points différencient le régime applicable aux propriétés publiques du régime de droit commun : l'insaisissabilité et

En supposant que la valeur vénale s'entend du prix acquitté dans les conditions normales de marché suivant les termes de l'article R. 123-178 du code de commerce, l'évaluation requiert une bonne connaissance du « marché réel »[125] au moyen d'éléments de référence sur des « biens comparables en qualité et en quantité »[126], qui ont été échangés au cours de la période considérée. D'autres méthodes sont parfois utilisées afin d'apprécier la valeur vénale d'un bien[127] : la méthode d'évaluation par le revenu ou le rendement pratiquée pour l'évaluation des immeubles locatifs ou de rapport ; la méthode des flux futurs ou cash-flows qui tient compte des flux de trésorerie ; la méthode dite du compte à rebours qui consiste à tenir compte dans le cadre d'une opération d'aménagement de la valeur de sortie du terrain pour déterminer le prix d'acquisition initial, une fois soustrait le coût de l'aménagement. Bien qu'ingénieuses, ces techniques sont encore marginales et en tout cas accessoires. La méthode empirique qui consiste à déterminer « le prix le plus probable susceptible de réunir le plus grand nombre d'acquéreurs et de vendeurs »[128] selon le jeu de l'offre et de la demande, reste privilégiée. C'est au demeurant la méthode pratiquée par France Domaine[129] dont l'avis est recueilli dans plusieurs cas[130] :

---

l'interdiction de vendre un bien au-dessous de sa valeur. V. les thèses des professeurs H. Moysan et Ph. Yolka, op. cit.

[125] Cass. com., 23 octobre 1984, Bull. IV, n° 275, p. 224.

[126] Trib. civ. Moulins, 30 janvier 1951. Cité par M. Huyghes, op. cit. p. 16.

[127] M. Huyghe, op. cit., p. 24-25.

[128] M. Huyghe, op. cit., p. 17.

[129] Créé par arrêté ministériel du 23 décembre 2006 modifiant l'arrêté du 10 août 2004 portant organisation de la direction générale de la comptabilité publique et l'arrêté du 10 août 2004 portant organisation des sous-directions et de la direction générale de la comptabilité publique.

acquisition à l'amiable, par adjudication ou par exercice du droit de préemption, d'immeubles ou de droits réels immobiliers, de fonds de commerce notamment, d'une valeur totale égale ou supérieure à un montant fixé par l'autorité compétente[131], acquisition poursuivie par voie d'expropriation, cession d'immeubles ou de droits réels immobiliers[132]. Lorsqu'elle est requise, la consultation de cet organisme de l'Etat représente une formalité substantielle, à peine de nullité de la délibération[133]. Le développement de bases de données performantes telles que les fichiers Fidji[134] et Oeil[135] facilite grandement la recherche des termes de référence pertinents de nature à établir la valeur vénale d'un bien qu'une collectivité publique envisage d'acquérir ou de céder.
Sous le bénéfice de l'article 72 de la constitution, les collectivités territoriales jouissent d'une liberté étendue pour administrer leurs biens une fois leur valeur déterminée.

3.2. L'indépendance matérielle qui s'oppose à l'indépendance personnelle, conséquence de l'élection des représentants locaux au suffrage universel, renferme la libre disposition des biens. Au demeurant, la question patrimoniale est un aspect particulièrement important,

---

[130] Circ. min. Intérieur-Finances n° FPP/A/96/10025/C du 12 février 1996 concernant les opérations immobilières réalisées par les collectivités territoriales et certains de leurs établissements publics, BO Equipement 1996 n° 15.

[131] Art. L. 1211-1 du code général de la propriété des personnes publiques. Art. L. 1311-9 à L. 1311-12 du code général des collectivités territoriales.

[132] Art. L. 3221-1 du code général de propriété des personnes publiques.

[133] CE, 22 février 1995, n° 122395, Commune de Ville-la-Grand, Rec. p. 626.

[134] Fichier immobilier informatisé.

[135] Observatoire des évaluations immobilières locales.

historiquement le premier, de la libre administration des collectivités territoriales[136].

Ainsi leurs dépendances relevant de la domanialité privée peuvent être aliénées sans conditions particulières, sauf celles fixées par le législateur afin de satisfaire aux objectifs de transparence et de concurrence[137]. La principale obligation du vendeur est de respecter la valeur du bien. Les aliénations à titre gratuit sont donc prohibées au nom de l'interdiction faite aux personnes publiques de consentir des libéralités. Les biens publics ne peuvent en principe être cédés au-dessous de leur valeur vénale. Le conseil constitutionnel a décidé que le principe d'égalité et le principe de protection de la propriété des personnes publiques font obstacle « à ce que des biens ou des entreprises faisant partie de patrimoines publics soient cédés à des personnes poursuivant des fins d'intérêt privé pour des prix inférieurs à leur valeur »[138]. Le propriétaire public doit recueillir l'avis de France Domaine[139]. La délibération ne peut intervenir avant l'expiration du délai d'un mois au terme duquel l'avis est réputé acquis. Le vendeur public n'est pas tenu de suivre cet avis. La cession à un prix inférieur à l'estimation des services de France Domaine est admise par le juge, qui n'exerce un contrôle minimum, que si la cession est justifiée par la

[136] J.-P. Amadéi, Domaine public et décentralisation, thèse, Montpellier 1, 1996. H. Moysan, Le droit de propriétés des personnes publiques, LGDJ 2001. Ph. Yolka, La propriété publique. Eléments pour une théorie. LGDJ 1997. V. aussi L. Lucas et F.-P. Benoit, La libre administration des collectivités locales. Réflexion sur la décentralisation, Economica, PUAM, 1984, p. 93.

[137] Décision 92-316 DC du 20 janvier 1993.

[138] Conseil constitutionnel, n°1986-207 DC du 25 juin 1986 ; n°2008-567 DC du 24 juillet 2008.

[139] Art. L. 3221-1 du code général de la propriété des personnes publiques.

satisfaction d'un intérêt public suffisant[140]. La cession d'un immeuble pour un prix symbolique a été jugée légale dès qu'elle était assortie d'une contrepartie suffisante pour le vendeur[141].

Les formes de l'aliénation sont prévues par les dispositions du code général des collectivités territoriales et le code général de la propriété des personnes publiques[142]. Qu'il s'agisse d'une vente ou d'un échange[143], l'organe délibérant publie sa décision. D'un point de vue contentieux, il convient de noter que les actes de droit privé pris par les collectivités territoriales échappent en tant que tels au contrôle de légalité. Par exemple, le contrat de vente de terrains délivré par le maire, n'a pas à être transmis au représentant de l'Etat dans le département[144]. En revanche, la délibération du conseil municipal autorisant l'aliénation d'un bien, en tant qu'acte administratif[145], est soumise au contrôle de légalité. L'acte de vente est passé par l'autorité exécutive en la forme notariée ou administrative. L'administration

---

[140] CE, 25 septembre 2009, Commune de Courtenay, Dr. adm. 2009, comm. 148, note F. Melleray.

[141] La cession par une commune d'un terrain à une entreprise pour un prix inférieur à sa valeur est légale lorsqu'elle est *« justifiée par des motifs d'intérêt général et comporte des contreparties suffisantes »*. CE, 3 novembre 1997, Commune de Fougerolles, Rec. p. 391 ; CE, 25 novembre 2009, Commune de Mer c/ Pépin et Raoul, n° 310208, Rec. p. 472.

[142] Art. L. 3113-14, 15 et 16 du code général de la propriété des personnes publiques : cession dans les conditions fixées par le code général des collectivités territoriales : art. L. 2241-1 pour les communes, L. 3213-1 pour les départements, L. 4221-1 pour les régions et L.5211-6 pour les établissements publics de coopération intercommunale.

[143] Art. L. 3113-23 du code général de la propriété des personnes publiques.

[144] CE, 30 décembre 1998, Association pour la protection du site de la zone industrielle de Dommartin-les-Remiremont, req. n° 160313.

[145] CE, 6 avril 1998, Communauté Urbaine de Lyon, Rec. p. 132.

réceptionne et l'authentifie sous réserve de la purge des privilèges et hypothèques grevant le bien.
Les collectivités territoriales disposent d'une marge de manoeuvre comparable pour la constitution de leur patrimoine. En matière d'acquisition, elles disposent d'abord des voies d'acquisition de droit commun[146] à titre onéreux ou gratuit[147], la consultation préalable des services de France Domaine étant requise à partir d'un certain montant, mais également de modes exorbitants d'acquisition[148].

Tout est prévu pour que les propriétaires publics se comportent comme des agents économiques rationnels. Le standard du « bon père de famille » n'est plus pertinent. Comme l'exprime la doctrine ministérielle[149], « il faut vendre et ne rester propriétaire que lorsque c'est indispensable »[150]. Un tel leitmotiv interpelle tout de même. Si le bilan de la politique de cession d'une partie de son actif immobilier par l'Etat est généralement jugé positif d'un point de vue financier[151], la question est déjà

---

146 art. L. 1111-1 du code général de la propriété des personnes publiques

147 Il s'agit des dons et legs (art. L. 1121-4 à L. 1121-6 code général de la propriété des personnes publiques) ou encore de la prescription acquisitive de droit commun de dix ou trente ans en matière immobilière (art. 2272 du code civil).

148 Expropriation pour cause d'utilité publique, art. L. 1112-2 et préemption L. 1112-3

149 Rapport Tron, La gestion et la cession du patrimoine immobilier de l'Etat et des établissements publics, AN n° 2457, 6 juillet 2005 ; circ. 28 février 2007 ; circ. 16 janvier 2009.

150 P. Gonod, F. Melleray, Ph. Yolka, Traité de droit administratif, op. cit., p. 298-299.

151 J.-M. Sauvé, Introduction aux entretiens du Conseil d'Etat en droit public économique sur le thème de la valorisation économique des propriétés des personnes publiques, La documentation française, 2011, p. 3.

posée de savoir jusqu'où peut aller la « rétraction des patrimoines publics » eu égard aux exigences du service public qui a besoin d'une assise matérielle d'une part, et aux impératifs économiques de base d'autre part[152].

3.3. Le code général de la propriété des personnes publiques a été élaboré dans cette perspective. Par principe, les dépendances du domaine public sont inaliénables et imprescriptibles[153]. Trouvant son origine dans l'édit de Moulins de 1566 destiné à prémunir la Couronne contre les prodigalités des monarques réputés dépensiers, le principe d'indisponibilité[154] repose dans sa traduction moderne sur la notion d'affectation à l'utilité publique. La fonction sociale des biens affectés à l'usage direct du public ou à un service public empêche de les regarder commes des biens marchands susceptibles d'appropriation privée.

C'est peu de dire que le code général de la propriété des personnes publiques édulcore l'inaliénabilité. Le principe demeure bien que considérablement assoupli. Dans le

---

[152] Ph. Yolka, Un Etat sans domaine ?, AJDA 2003, p. 1017. Cité par J.-M. Sauvé, ibid. »Jusqu'où ira la rétraction des patrimoines publics ? (...) cette perte de la maîtrise domaniale aura un coût. Coût financier, parce que la méthode - céder pour relouer - emprunte au sapeur Camember : on ne vend qu'une fois, et c'est pour longtemps ; d'où l'appauvrissement des administrations, des loyers en plus et des recettes d'exploitation en moins. C'est sacrifier le long terme au temps court (...) Coût symbolique, aussi : l'assise du service public risque d'être ébranlée (...). Il n'est jamais bon que le Roi soit nu ».

[153] Art. L. 3111-1 du code général de la propriété des personnes publiques ; art. L. 1311-1 du code général des collectivités territoriales.

[154] C. Chamard-Heim, Domaine public : Indisponibilité, JCl propriétés publiques, Fasc. 61. D. Costa, L'inaliénabilité et l'imprescriptibilité du domaine public, Mél. E. Fatôme, Dalloz 2011, p. 403. H.-G. Hubrecht, L'inaliénabilité. Passé et avenir d'un principe de droit constitutionnel, Mél. D.-G. Lavroff, Dalloz 2005, p. 417.

prolongement de l'article L. 1311-2 du code général des collectivités territoriales[155] issu dans sa version originelle de la loi du 5 janvier 1988, le code général de la propriété des personnes publiques prévoit à travers les dispositions de l'article L. 2122-20 la mise en place d'un dispositif d'autorisations d'occupation constitutives de droits réels sur le domaine propre de l'Etat et des collectivités territoriales, à côté du régime des baux emphytéotiques. Dans le même ordre d'idées, l'article L. 2122-4 du code général de la propriété des personnes publiques, mettant fin à une jurisprudence critiquable[156], consacre la légalité des servitudes conventionnelles passées conformément à l'article 639 du code civil et grevant les biens relevant de la domanialité publique « dans la mesure où leur existence est compatible avec l'affectation » des biens sur lesquels ces servitudes s'exercent[157].

Le nouveau régime prévoit deux innovations d'importance. La première représente une exception au principe selon lequel aucune cession d'une dépendance relevant de la domanialité publique ne peut intervenir légalement sans une mesure de déclassement préalable, en vertu du principe d'inaliénabilité. Frappantes, les dispositions de l'article L. 2141-2 du code général de la propriété des personnes publiques permettent le déclassement par anticipation d'immeubles encore affectés à un service public en vue de leur cession à des personnes

---

[155] Ph. Juen, La compatibilité du principe d'inaliénabilité avec la constitution de droits réels, Rev. droit immob. 2000, p. 121.

[156] Y. Gaudemet, La superposition des propriétés privées et du domaine public, D. 1978, p. 293 et s. ; Ph. Yolka, thèse préc., p. 389 et s.

[157] Ph. Yolka, Servitudes sur les propriétés publique, Jcl. propriétés publiques, Fasc. 55 ; J.-L. Tixier, Les servitudes de l'article L. 2122-4 du code général de la propriété des personnes publiques : quel emprunt au droit privé ?, Mél. en l'honneur d'E. Fatôme, Dalloz 2011, p. 443.

privées. Plusieurs conditions sont posées : la durée de l'artifice ne peut excéder trois ans ; le déclassement par anticipation doit répondre aux nécessités du service public ; L'acte de cession doit comporter une condition suspensive ou résolutoire de désaffectation ; enfin, le mécanisme reste à ce jour réservé à l'Etat. Ces dispositions sont complétées par celles de l'article L.2141-3 du code général de la propriété des personnes publiques qui permettent aux personnes publiques de déclasser des biens qui restent affectés à un service public en vue de les échanger avec d'autres biens relevant de personnes privées ou du domaine privé de personnes publiques, à la condition expresse que cet échange améliore les conditions de l'exercice du service public concerné.

La seconde innovation touche les transferts de propriété des dépendances relevant de la domanialité publique entre personnes publiques. Par dérogation au principe d'inaliénabilité, les dispositions des articles L.3112-1 du code général de la propriété des personnes publiques permettent de telles mutations en l'absence de tout déclassement préalable. Cette mesure devient facultative dans la mesure où le bien dont s'agit est destiné à l'exercice des compétences de la personne publique qui l'acquiert et qu'il reste affecté à l'usage direct du public ou d'un service public.

Cette dérogation est de nature à faciliter et simplifier les cessions de biens entre les collectivités territoriales et leurs groupements, notamment dans le cadre de l'intercommunalité. En cas transfert de compétence d'une collectivité territoriale au profit d'un groupement de coopération intercommunale, le régime de droit commun est celui de la mise à disposition des biens nécessaires à l'exercice de cette compétence. Les dispositions des articles L.1321-1 et suivants du code général des collectivités territoriales prévoient que « *le transfert d'une compétence entraîne de plein droit la mise à la disposition de la collectivité bénéficiaire des biens meubles et immeubles utilisés, à la date de ce transfert, pour l'exercice de cette compétence. [...]. La collectivité bénéficiaire de la mise à disposition assume l'ensemble des obligations du propriétaire. Elle possède tous pouvoirs de gestion [...] »*. La mise à disposition n'opère pas de transfert en pleine propriété mais entraîne seulement la transmission des droits et obligations du propriétaire au bénéficiaire, à l'exception du droit d'aliéner. Sans remettre en cause la possibilité de recourir à la mise à disposition à un établissement public de coopération intercommunale, les dispositions de l'article L.3112-1 du code général de la propriété des personnes publiques offrent une alternative aux collectivités territoriales qui peuvent choisir une transmission aux effets plus radicaux.

*

L'idée au soutien de ces différents dispositifs initiés par l'ordonnance du 21 avril 2006 est de favoriser les flux domaniaux et d'encourager les mutations sans que l'affectation à l'utilité publique y fasse obstacle. Bien sûr ce trafic de biens est encadré. Ces mécanismes n'en sont pas moins révélateurs d'un bouleversement dans l'échelle des valeurs et des représentations. La notion de patrimoine supplante peu à peu celle de domaine. L'exorbitance recule[158], le droit privé agissant comme une puissante source d'inspiration. La prédominance des considérations

---

[158] P. Gonod, F. Melleray, Ph. Yolka, Traité de droit administratif, op. cit., p. 299. H.-G. Hubrecht, L'exorbitance du droit des propriétés publiques, in F. Melleray (sous la dir.), L'exorbitance du droit administratif en question(s), Université de Poitiers, LDGJ 2004, p. 217.

d'ordre économique relègue au second plan l'élément d'affectation qui constitue pourtant la mesure même de la domanialité publique[159]. Face à ces profondes évolutions, la légitimité d'un droit *administratif* des biens est en question.

[159] C. Lavialle, Droit administratif des biens, PUF, 1996.

Pratiques contractuelles du département de l'Hérault

Nathalie Casanovas
Directrice des contrats et de l'action territoriale
Conseil général de l'Hérault

Terre d'accueil par excellence, l'Hérault se caractérise par un fort héliotropisme démographique qui constitue à la fois une source de dynamisme économique[160] et de contrainte publique. L'Hérault est un moteur de la démographie régionale[161] qui ne donne aucun signe de faiblesse. La population a progressé de plus de 11 000 habitants par an depuis 1990, soit 57% de l'accroissement démographique régional. Ce taux place l'Hérault au second rang du palmarès démographique des départements les plus dynamiques et au 22ème rang français par sa population qui s'élève à plus d'un million d'habitants aujourd'hui. Dans ce département millionnaire, 80% de la population vit dans les villes et les nouveaux héraultais sont majoritairement des franciliens provenant pour la plupart d'un milieu citadin qui privilégient la partie Est de l'Hérault autour de Montpellier. Ce dynamisme démographique est le principal moteur de l'économie présentielle et donc de la création d'emplois présentiels

160 Fort taux de création d'entreprises et d'emplois en Hérault, INSEE Thèmes et documents, 2011.

161 L'Hérault accueille en moyenne mille habitants de plus tous les mois.

(secteur de la santé, des services de proximité, services aux personnes et aux entreprises, tourisme).
Avec près de 40 millions de nuitées constatées chaque année et 1,7 milliard d'euros de chiffre d'affaires estimé, l'Hérault est par ailleurs le 4° département touristique de France en terme d'accueil. Mais ce dynamisme économique s'accompagne paradoxalement d'un taux de chômage qui reste supérieur à la moyenne nationale en l'absence de compensation mécanique du marché du travail. La part des budgets sociaux pèse en outre chaque année un peu plus sur les budgets des collectivités locales, dont celui du Département[162]. Afin de mieux appréhender le fonctionnement de ses entités territoriales et adapter sa politique publique en conséquence, le Département de l'Hérault a élaboré à partir de 1998 un vaste programme concerté « Hérault 2005 », appelé aujourd'hui « Hérault Avenir ». Il s'agit par ce projet de comprendre les enjeux départementaux actuels et à venir, accompagner les mutations en cours et anticiper pour ne pas subir les changements tout en fixant un cadre de référence à des partenariats publics. Adossés à Hérault Avenir, les partenariats contractuels engagés par l'Hérault à partir de 2002 s'ancrent dans une culture d'association déjà ancienne que l'émergence et la consolidation de nouvelles intercommunalités[163] ont rendue indispensable pour un fonctionnement efficient de l'action publique au sens large. Nous rappellerons dans une première partie l'engagement de l'Hérault auprès des territoires de projets dans le cadre d'Hérault Avenir, avant d'aborder dans un deuxième temps les formes de cet engagement volontaire

[162] En 2012 le budget de la solidarité départementale s'élève à 56% du budget global et les compensations - dotations de l'Etat à 43,5%.
[163] Communautés de communes et communautés agglomérations créées dans le cadre de la loi du 6 février 1992 relative à l'Administration Territoriale de la République (ATR).

du Département dans un processus contractuel. Nous illustrerons dans une dernière partie les contours de cette démarche en prenant appui sur un cas emblématique en cœur d'Hérault.

I. Un engagement ancien dans le développement des territoires

La culture du partenariat est bien ancrée dans la politique territoriale du Département de l'Hérault, des premières chartes intercommunales de développement local créées, aux contrats de pays en passant par les contrats de plan et contrats de villes avec l'Etat. A partir de 1998, la mise en œuvre du projet « Hérault Avenir » a marqué une inflexion importante de l'action départementale en faveur des territoires et clarifié les différentes postures départementales dans l'organisation administrative locale.

1. D'une coopération de gestion à une coopération de projet avec Hérault Avenir.

Le département de l'Hérault présente une riche culture de partenariat avec ses territoires dont les premières formes structurées apparaissent avec le soutien aux chartes intercommunales créées par la loi du 7 janvier 1983[164]. Près d'une dizaine de chartes ont vu le jour en Hérault, véritables laboratoires de l'ingénierie territoriale et de l'accompagnement des projets permettant de dynamiser les économies locales. Au plan géopolitique et sociologique, l'expérience des chartes intercommunales a, par ailleurs, permis de construire localement une culture de la coopération intercommunale propice à la création des futurs EPCI. Avec le renforcement de l'intercommunalité

[164] Loi du 7 janvier 1983 relative à la répartition des compétences entre les communes, les départements, les régions et l'Etat.

et le vote de la loi ATR[165] en 1992, les chartes intercommunales, généralement de forme associative, ont progressivement disparu au profit des communautés de communes, communautés d'agglomération ou pays en milieu rural avec l'adoption des lois Pasqua et Voynet[166]. Dans les années 1990-2000 par la suite, le Département a été partenaire des premiers contrats de plan Etat-Région, contrats de pays (Etat-Région-Département-Pays) et contrat de villes avec l'Etat.

Les contrats de villes furent élargis à partir de 1996 aux contrats de villes moyennes[167] dans l'Hérault constituant un premier cadre par lequel les partenaires s'engagent à mettre en œuvre de façon concertée des politiques territorialisées de développement et de renouvellement urbain (habitat, environnement, éducation, transport, sécurité, culture, équipements sportifs, services sociaux…). Ce dispositif contractuel était complémentaire de celui concernant les diverses aides de droit commun (écoles, aides sociales, logement…).

Avec l'apparition des premières communautés de communes et communautés d'agglomération, le Département de l'Hérault a souhaité tenir compte de ce changement du paysage intercommunal et réinterroger sa connaissance des enjeux de l'Hérault afin d'élaborer un nouveau projet politique pour les années à venir et redéfinir le cadre de son intervention. L'adoption du projet Hérault Avenir a coïncidé par ailleurs avec une nouvelle mandature politique. Hérault Avenir a permis une analyse socio-économique fine des territoires héraultais permettant

---

[165] Loi ATR, Ibid.

[166] Loi du 4 février 1995 d'orientation pour l'aménagement et le développement du territoire (LOADT), dite Loi Pasqua et loi du 25 juin 1999 d'orientation pour l'aménagement et le développement durable du territoire (LOADDT), dite loi Voynet.

[167] Villes moyennes et bourgs centres.

de dégager quatre dynamiques territoriales, comprendre les défis de ces bassins de vie et adapter les modes d'intervention départementaux en conséquence.

2. Les grands projets départementaux, un investissement sur la connaissance

Quatre dynamiques territoriales appelées Grands Projets Départementaux (GPD) ont été mises en œuvre dans Hérault Avenir et ont permis d'esquisser des scénarios d'action publique selon trois postures départementales alternatives ou cumulatives : maître d'ouvrage, partenaire ou facilitateur- animateur de projets. Ces dynamiques correspondent à quatre bassins de vie qui présentent chacun des particularités socio-économiques différentes et donc des besoins spécifiques (logement, déplacement, économie...)

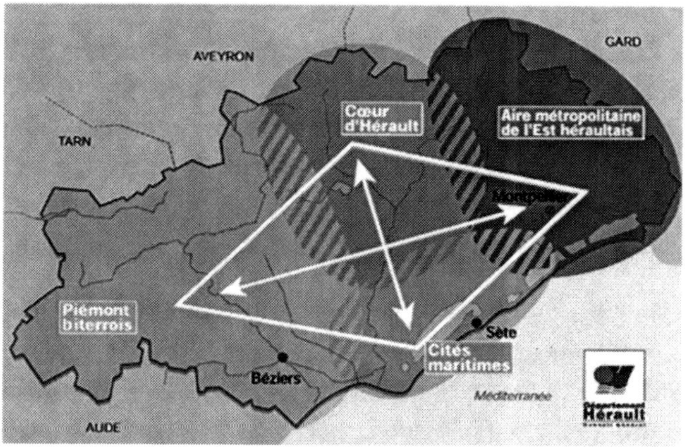

La connaissance de ces quatre dynamiques territoriales a servi de socle à une nouvelle territorialisation des politiques départementales au travers d'une nouvelle politique contractuelle (NPC) adossée aux enseignements

d'Hérault Avenir et qui permette de répondre à trois enjeux majeurs :

- Donner plus de lisibilité à l'action départementale grâce à une approche coordonnée territorialement,
- Adapter le mode d'intervention départemental à l'existence de nouvelles intercommunalités aux compétences et moyens plus étendus à partir de 2000,
- Passer d'une intervention de guichet à une politique de projet grâce à l'outil contractuel.

En juillet 2002 l'Assemblée départementale a donc adopté une nouvelle politique contractuelle (NPC) et le contrat est apparu l'outil de mise en œuvre privilégié d'Hérault Avenir.

II. Une recherche d'efficience publique partagée

Loin du sempiternel débat entre « blocs de compétences » ou « clause générale de compétence »[168], le contrat est un outil parmi d'autres d'articulation des actions locales des collectivités territoriales, dépassant les éventuels écueils de concurrence ou mauvais emploi des deniers publics.

1. Un champ d'intervention qui s'enrichit chaque année

Initialement le champ d'intervention du contrat portait majoritairement sur les domaines de compétences volontaires des cocontractants (culture, tourisme, économie...). Avec le temps cet outil devient de plus en plus un lieu de coordination des compétences au sens large dans des domaines aussi variés que le transport public, l'éducation, le logement, la sécurité, l'environnement...

---

[168] Rapport d'information du Sénat n°283, session ordinaire de 2010-2011

L'accroissement des charges pesant sur les collectivités locales confrontées concomitamment aux baisses de ressources financières fait apparaître le contrat comme un outil de rationalisation des projets et de mutualisation des compétences exercées (obligatoires ou volontaires).
Ainsi dans le domaine des transports publics par exemple, le Département de l'Hérault et l'agglomération de Montpellier ont défini, au travers du contrat 2012, un partage des responsabilités et des financements dans le cadre d'un projet de mobilité global (routes, bus, vélo…).
Par ailleurs, sous l'effet des mutations des modes de vie, les territoires du réel ne cessent de se recomposer et les limites administratives rigides peinent à s'adapter, d'où la généralisation de l'approche contractuelle permettant de porter des projets multidimensionnels selon un cadre juridique et financier pluriannuel.

2. Une méthodologie contractuelle fédérative

Le contrat départemental est le résultat d'un travail de fond permettant l'élaboration d'un projet partagé selon la démarche itérative suivante, du diagnostic à l'évaluation :

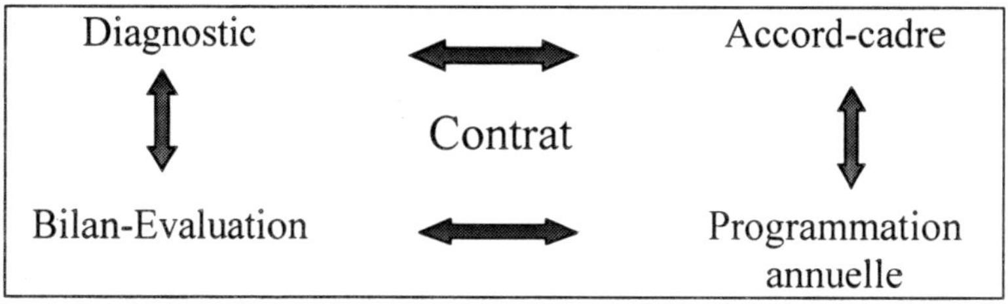

Le processus contractuel débute ainsi par l'élaboration d'un diagnostic de territoire généralement à l'échelle d'un EPCI afin de pouvoir analyser les principales données socio-économiques, démographiques et dégager une grille

AFOM[169] des forces et faiblesses locales. Ce diagnostic de territoire est élaboré en interne par les services départementaux puis partagé avec le partenaire contractuel pour modification et/ou enrichissement de la vision départementale. Sur la base de ce diagnostic partagé, un accord cadre est formalisé traçant les grandes orientations[170] de co-développement pour les cinq années à venir. Chaque année une programmation annuelle est discutée et votée par les deux parties assortie d'un partage des responsabilités et des financements de projets. L'accord cadre pluriannuel et la programmation annuelle déclinée en avenant sont des documents signés par les deux parties, EPCI et Département. Le contrat est créateur de droits pour les cocontractants et d'obligations dans la façon de conduire les projets, leur cofinancement, les délais de réalisation, les modalités de concertation, la communication…

Le contrat de territoire repose sur une action volontaire du département sur la durée de l'accord cadre qui peut être prorogé à son terme en cas de consentement mutuel.

A ce jour, l'Hérault a engagé 13 contrats de territoires avec des communautés de communes ou d'agglomérations. Il poursuit également un partenariat avec les pays malgré le retrait contractuel de l'Etat et de la Région depuis trois ans.

---

[169] AFOM : Atouts, Forces, Opportunités, Menaces

[170] Dans divers domaines selon les enjeux locaux : Economie, déplacement, aménagements urbains…

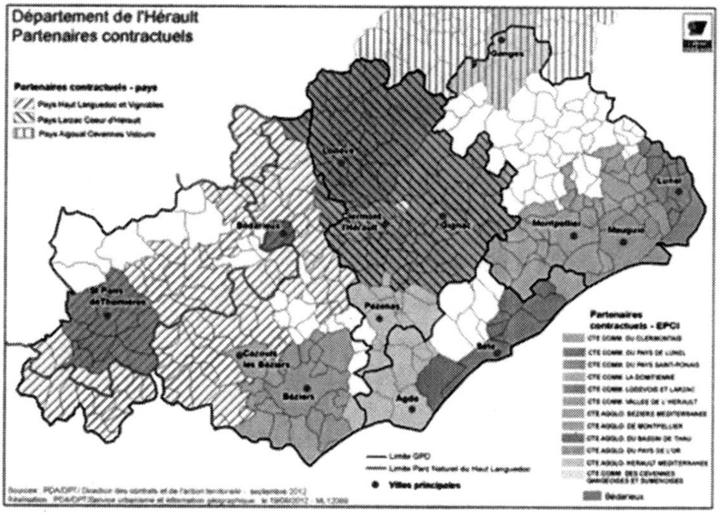

Outil de co-développement et de cofinancement des projets, les contrats sont également des instances de discussions politiques entre collectivités et, depuis deux ans, des lieux de conditionnalité des financements départementaux. Sous l'effet de la crise des finances publiques conjuguée aux impératifs de certaines politiques (logement social, sécurité incendie, protection du littoral contre l'érosion marine…), le contrat tend à se recentrer sur quelques priorités en perdant concomitamment de sa souplesse d'intervention. Il reste néanmoins un outil privilégié d'ajustement des politiques publiques et de mutualisation des moyens à l'échelle d'un territoire selon une approche globale et systémique vers un développement plus durable.

III. Un exemple de contractualisation en cœur d'Hérault

Parmi les treize contrats de territoires en vigueur en Hérault[171], celui constitué en cœur d'Hérault depuis 2006 entre le Département et la Communautés de Communes Vallée de l'Hérault illustre parfaitement les ambitions de co-développement des partenaires selon une approche systémique au travers de la méthode « projet ».

1. Le contrat départemental de la Communauté de Communes Vallée de l'Hérault

Un accord cadre a été conclu avec la Communauté de communes Vallée de l'Hérault en 2006 sur la base d'un diagnostic de territoire partagé. Ce diagnostic, actualisé en 2012, a notamment permis de dégager les équilibres de développement durable suivants :

- L'équilibre du territoire : marché du foncier, économie, appareil commercial, routes, transports, déplacements, Valcordia[172], agriculture, risque d'incendie, tourisme…
- Les équilibres sociaux : sources de revenus, logements et mixité sociale, demande HLM, parc public - parc privé, bénéficiaires minimas sociaux, établissements pour personnes âgées…
- L'accès équitable aux services publics départementaux : culture, sport et loisirs de pleine nature, enfance et Jeunesse, éducation, solidarités, insertion…

De grands enjeux ont pu être dégagés autour des trois axes ci-après :

---

[171] Sans compter les trois contrats de pays obéissant à des enjeux différents

[172] Cf. II.2

Objectif 1 - Construire un projet de développement à l'échelle de la communauté de Communes : maîtriser l'étalement urbain, organiser les déplacements, mettre en œuvre une politique de l'Habitat en cohérence avec la démographie
Objectif 2 - Anticiper, dynamiser une économie locale en mutation, accompagner, impulser : maintenir la qualité de l'espace agricole, adapter l'offre de foncier d'entreprise dans le respect de la charte de qualité départementale, accroître la synergie du réseau de micros entreprises, contribuer à l'insertion socioprofessionnelle de la main d'œuvre locale par des formations en adéquation avec l'offre des entreprises
Objectif 3 - Concilier la valorisation et la protection des paysages et du patrimoine dans leur diversité en favorisant une politique de développement touristique : mettre en valeur le fleuve Hérault, renforcer l'attractivité et l'image du territoire, préserver le grand site de St Guilhem le Désert dans une optique de développement durable, développer un hébergement marchand varié et qualifié
Objectif 4 - Mieux répondre aux exigences sociétales : répondre aux situations liées à la jeunesse, mettre en place une politique culturelle en réseau, organiser la ressource en eau
Parmi l'ensemble des projets mis en œuvre en cohérence avec ces enjeux, celui de Valcordia illustre parfaitement la démarche partenariale et systémique du contrat.

2. Valcordia, un projet d'initiative départementale pour une nouvelle urbanité en cœur d'Hérault

Composée d'un maillage serré de petites villes et de villages, le cœur d'Hérault est un territoire qui subit une forte pression urbaine. Desservi par deux autoroutes (A 750 et A 75), aux portes de deux grands sites d'exception (Grand site de France St Guilhem le Désert et site classé

du Salagou- cirque de Mourèze), ce territoire présente une grande attractivité et qualité de vie.
Le projet Valcordia est né de la volonté du Département du l'Hérault de maîtriser le développement du cœur d'Hérault, réceptacle de la diffusion urbaine de l'agglomération de Montpellier et de la zone littorale. Au travers de ce projet il s'agit de renforcer une multi polarisation qui dépasse le cadre d'une communauté de communes et mettre en œuvre un système de déplacement adapté tout en maîtrisant la croissance urbaine galopante.
Dès 2000, le projet politique Hérault Avenir mettait en évidence que le Cœur d'Hérault, de par sa situation, concentrait des enjeux particuliers avec un espace naturel remarquable, une proximité accrue de la métropole montpelliéraine du fait des autoroutes et un risque de conversion en banlieue dortoir.
Le Département de l'Hérault a engagé en 2004 l'élaboration de Valcordia, projet ambitieux et partagé pour les 20 ans à venir selon trois préoccupations majeures :

- attirer des activités et créer de l'emploi
- répondre aux problèmes de logement par une offre alternative à l'étalement urbain, anarchique et sans âme
- dans le même temps, assurer la mise en valeur et la préservation d'un environnement naturel et patrimonial remarquable.

Grâce à une méthode reposant sur la concertation, le dialogue et le partage, un protocole d'accord-cadre (Charte de partenariat), instituant une instance de concertation chargée de mettre en œuvre les préconisations de l'étude, a été signé par le Conseil Général, les Présidents du Pays, des deux communautés de communes du Clermontais et de la Vallée de l'Hérault, et les maires des pôles de

référence (Clermont l'Hérault, Gignac/St André de Sangonis et Paulhan).
Il s'agit donc de construire pour les 20 ans à venir la multipolarité du Cœur du Cœur d'Hérault basée sur une solidarité dans le partage des fonctions, notamment urbaines selon 4 axes :

1. Créer dans la vallée, le long du fleuve, un espace commun à partager
2. Renforcer et organiser la structure multipolaire préexistante
3. Mettre en lien l'organisation multipolaire par la conception d'une boucle multimodale
4. Promouvoir une nouvelle manière d'habiter le Cœur d'Hérault

Un plan de référence à l'horizon 2015 -2025

Une organisation du territoire autour d'une mise en valeur du fleuve Hérault et d'un développement urbain autour des centres existants. Mise en réseau d'une boucle d'échange multimodale

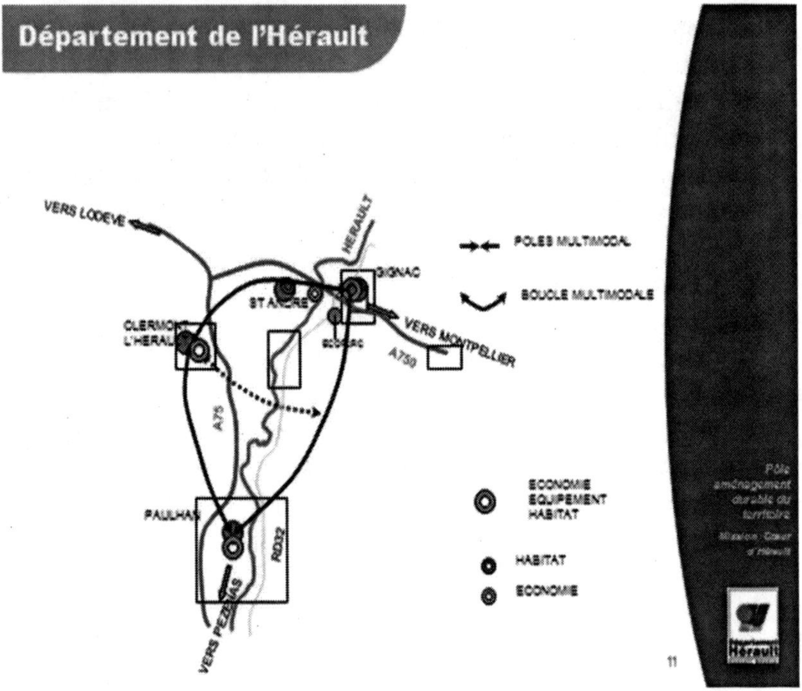

Dès 2008, les premières actions s'engagent et font l'objet d'actions inscrites au contrat de projet Département de l'Hérault-Communautés de communes Vallée de l'Hérault et Clermontais : Eco parc d'activités économiques de Gignac, coulée verte de la vallée de l'Hérault, mise en œuvre d'une offre adaptée de transport en commun avec boucles multimodales et pôles d'échange, lancement d'une ZAC habitat à Clermont l'Hérault, étude pôle d'échange de Gignac.

Sous l'autorité d'un élu référent, l'administration départementale s'est organisée de façon transversale en mode projet pour assurer le pilotage de la démarche.

Autant d'enjeux destinés à maintenir une certaine qualité de vie en cœur d'Hérault, la préservation des ressources naturelles grâce à une coordination des actions de chaque collectivité territoriale au profit d'un projet ambitieux,

partagé et à l'aide d'un outil contractuel souple et sur-mesure.
En 2012, un périmètre de SCOT a été prescrit sur le territoire des Communautés de communes de la Vallée de l'Hérault et du Clermontais. La réflexion conduite dans le cadre du projet Valcordia anticipait très largement ce projet de SCOT et constitue pour le Département une référence très riche pour son porter à connaissance largement partagé par le territoire.

Outil de codéveloppement des territoires dans le cadre d'un exercice partagé, ou coordonné, des compétences entre collectivités territoriales, le contrat constitue un bon vecteur de mutualisation des ressources publiques au profit d'un développement plus durable. Ces interventions sur mesure facilitent en outre un aménagement équilibré des territoires, adapté à chaque bassin de vie pour une efficience accrue de l'action publique. Anticiper, étudier, mutualiser, sécuriser, donner de la lisibilité aux financements des projets publics, évaluer, autant d'objectifs que le Département de l'Hérault s'est imposé et qu'il souhaite faire partager dans un environnement de plus en plus complexe. Un exercice néanmoins difficile avec la réduction des budgets publics et la tentation de repli de chaque collectivité sur ses compétences dites obligatoires.

Table des matières

L'HARMATTAN ITALIA
Via Degli Artisti 15; 10124 Torino

L'HARMATTAN HONGRIE
Könyvesbolt ; Kossuth L. u. 14-16
1053 Budapest

L'HARMATTAN KINSHASA
185, avenue Nyangwe
Commune de Lingwala
Kinshasa, R.D. Congo
(00243) 998697603 ou (00243) 999229662

L'HARMATTAN CONGO
67, av. E. P. Lumumba
Bât. – Congo Pharmacie (Bib. Nat.)
BP2874 Brazzaville
harmattan.congo@yahoo.fr

L'HARMATTAN GUINÉE
Almamya Rue KA 028, en face du restaurant Le Cèdre
OKB agency BP 3470 Conakry
(00224) 60 20 85 08
harmattanguinee@yahoo.fr

L'HARMATTAN CAMEROUN
BP 11486
Face à la SNI, immeuble Don Bosco
Yaoundé
(00237) 99 76 61 66
harmattancam@yahoo.fr

L'HARMATTAN CÔTE D'IVOIRE
Résidence Karl / cité des arts
Abidjan-Cocody 03 BP 1588 Abidjan 03
(00225) 05 77 87 31
etien_nda@yahoo.fr

L'HARMATTAN MAURITANIE
Espace El Kettab du livre francophone
N° 472 avenue du Palais des Congrès
BP 316 Nouakchott
(00222) 63 25 980

L'HARMATTAN SÉNÉGAL
« Villa Rose », rue de Diourbel X G, Point E
BP 45034 Dakar FANN
(00221) 33 825 98 58 / 77 242 25 08
senharmattan@gmail.com

L'HARMATTAN BÉNIN
ISOR-BENIN
01 BP 359 COTONOU-RP
Quartier Gbèdjromèdé,
Rue Agbélenco, Lot 1247 I
Tél : 00 229 21 32 53 79
christian_dablaka123@yahoo.fr

Achevé d'imprimer par Corlet Numérique - 14110 Condé-sur-Noireau
N° d'Imprimeur : 109184 - Dépôt légal : juin 2014 - *Imprimé en France*